这样给孩子定规矩

让孩子不抵触的魔性方法

李少聪 著

天津出版传媒集团

天津科学技术出版社

图书在版编目（CIP）数据

这样给孩子定规矩：让孩子不抵触的魔性方法 / 李少聪著 . -- 天津：天津科学技术出版社, 2022.7（2024.1 重印）
　ISBN 978-7-5742-0109-5

Ⅰ.①这… Ⅱ.①李… Ⅲ.①儿童教育 - 家庭教育 Ⅳ.① G782

中国版本图书馆 CIP 数据核字（2022）第 101549 号

这样给孩子定规矩：让孩子不抵触的魔性方法
ZHEYANG GEI HAIZI DING GUIJU:RANG HAIZI BU DICHU DE MOXING FANGFA
策划编辑：杨　譞
责任编辑：杨　譞
责任印制：兰　毅
出　　版：天津出版传媒集团
　　　　　天津科学技术出版社
地　　址：天津市西康路 35 号
邮　　编：300051
电　　话：（022）23332490
网　　址：www.tjkjcbs.com.cn
发　　行：新华书店经销
印　　刷：河北松源印刷有限公司

开本 880×1 230　1/32　印张 6　字数 150 000
2024 年 1 月第 1 版第 4 次印刷
定价：38.00 元

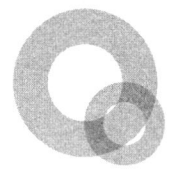

前言

PREFACE

做事拖拖拉拉、对学习的积极性不高、遇到困难就放弃、注意力不集中、没完没了地玩手机、生活作息混乱，甚至不遵守交通规则、高空抛物……孩子身上难免都有一些问题，让父母头疼，又不知所措。

其实，孩子就像一棵小树苗，这些毛病就是那枝枝杈杈，如果从小不修理掉，就会影响树苗未来的长势。想要孩子长成笔直的参天大树，从小就要给孩子立规矩。

有父母认为，给孩子立规矩就是束缚孩子的天性，剥夺孩子的自由和快乐。其实不然，规矩，恰恰是孩子自由的保障。规矩代表的是秩序和界限，而自由只有在有限制的前提下才能实现，正如黑格尔所说："秩序是自由的第一条件。"

要让孩子享受真正的自由，父母必须让孩子明确界限，学会约束自己的行为，即给孩子立规矩。

给孩子立规矩，首先要注意的就是时间，立规矩也有最佳时间。孩子在0到6岁期间，对事物和自身的认知都在慢慢发展，这个时候就是立规矩的关键期。在这之后，孩子对事物的理解、社交模式、思维和行为的模式都会逐渐定型，再立规矩就难了。

其中，3到6岁是规矩的黄金期，在这期间孩子会表现出强烈的自我意识从而引发各种小问题，这个时候给孩子立规矩，不论对孩子的性格和习惯养成，还是建立规则意识都有积极的影响。

除了注意立规矩的时间，父母还要注意立规矩的内容。规矩一般包括日常生活、安全和学习三个方面。

日常生活中，无论是餐桌礼仪、作息时间，还是待人接物、娱乐游戏等，都需要父母通过立规矩，让孩子养成好习惯，表现得更有教养。

安全规矩的目的是提高孩子的安全意识，避免不必要的伤害。比如，怎样正确乘坐电梯？当电梯发生故障时需要做什么？面对校园霸凌和心怀叵测的成年人，该如何自救？还有无法预料的洪水、火灾、地震等，该如何自救？及早给孩子立安全规矩，不仅是在未雨绸缪，教孩子远离危险，同时也是在提升孩子应对危机的能力，给孩子的生命保驾护航。

美国儿童心理学家詹姆斯·杜布森在《勇于管教》中提到：如果在悬崖边设置栏杆，那么人就可以靠着栏杆往下看，而不必担心摔下去。但如果没有栏杆，人们通常会在离悬崖很远的地方停下来。对于孩子而言，规则就是栏杆。孩子知道规则，就知道安全的界限，相反孩子如果不知道规则，就会为所欲为，触碰不该碰的底线，伤害自己或者他人。

科学合理的学习规矩，可以帮助孩子做到独立完成作业、告别粗心马虎，让孩子在体验到学习的快乐之后，爱上学习。同时，也可以培养孩子的专注力和主动思考的能力，提高学习效率，摆脱对父母的依赖。

但即便立了规矩，孩子也不一定遵守。当父母为孩子的不听话而头疼时，是否想过孩子不执行规矩的原因。是规矩本身不合理，还是父母太唠叨？是规矩太多，还是规矩朝令夕改前后不一致？

那么，该如何提高孩子执行规矩的积极性，保证规矩被顺利执行？父母要意识到规矩不是命令孩子的武器，在规矩执行过程中应给予孩子爱与尊重。比如，当孩子弄坏别人的物品、在公共场合胡搅蛮缠、屡教不改时，父母要有足够的技巧和耐心来稳定孩子的情绪，缓和自己与孩子之间的关系。减轻孩子对规矩的抵触心理，提高孩子执行规则的积极性。

本书主要介绍了给孩子立规矩的关键期，父母需要给孩子立哪些规矩，以及如何确保规矩被孩子积极执行，如何让孩子通过规矩由他律走向自律等内容。让父母在正确给孩子立规矩的基础上，也能了解如何保证孩子主动执行规矩。

良好的规矩不仅可以让孩子养成好的生活和学习习惯，还可以让孩子做事有底线，有准则，确保自己不受伤害。如此，未来，当孩子离开父母的羽翼，独自飞翔时，父母才能安心放手。

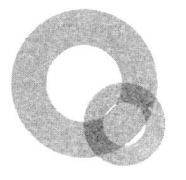

目录

CONTENTS

第一章
立规矩的关键期,不容错过

1. 等孩子长大再立规矩,就晚了　　002
2. 1岁之前,为立规矩做好准备　　005
3. 当孩子开始说"不",就可以立规矩了　　010
4. 6岁之前,要给孩子立的三个规矩　　013
5. 为什么说3~6岁是立规矩的黄金期　　017
6. 立规矩要用孩子能懂的语言和逻辑　　021

第二章
小学前,这些日常规矩要立好

1. 餐桌上的规矩不能少　　026
2. 制定孩子愿意遵守的作息时间表　　030
3. 约法三章,让孩子合理使用电子产品　　033
4. 做家务的规矩,必须早早立下　　036

5. 引导孩子遵守公共场所的秩序　　　040
6. 出门做客要遵守的规则　　　043
7. 必须给孩子制定的礼貌规矩　　　047

第三章
一定要给孩子制定的安全规则

1. 遵守交通规则的意识，要从小培养　　　052
2. 乘坐电梯，要让孩子知道的安全常识　　　054
3. 户外游戏的安全，这样教孩子　　　058
4. 遭遇校园霸凌，教孩子正确应对　　　061
5. 陌生人很危险，教孩子保护自己　　　064
6. 各种突发灾难，教孩子学会自救　　　068

第四章
让孩子自觉学习，规矩很重要

1. 作业必须自己独立完成　　　074
2. 遇到问题，先让孩子问自己怎么办　　　076
3. 不许孩子拿粗心马虎做借口　　　079
4. 正确刷题，多做练习是必要的　　　082
5. 让孩子慢慢延长注意力　　　085

第五章
为什么你立的规矩不管用

1. 轻易妥协,规则不断被打破　　090
2. 规矩不是束缚孩子的绳索　　093
3. 父母自己破坏规则　　097
4. 规矩不一致,孩子无所适从　　100
5. 规矩太严苛或者太松散　　104
6. 规矩太多等于没有规矩　　107
7. 唠叨,削弱了话语的力量　　109

第六章
提高孩子执行规则的积极性

1. 爱与规矩并行,才能让孩子不排斥　　114
2. 让孩子在游戏中学习遵守规则　　117
3. 请孩子参与制定规则　　120
4. 分析利弊,给出选择项让孩子决定　　123
5. 培养孩子执行规则的技能　　127

第七章
不吼不叫,确保规矩有效执行

1. 孩子弄坏别人物品,不要只会打和骂　　132
2. 别不分场合地教育孩子　　135

3. 孩子耍赖,要学会冷处理 139
4. 允许孩子说"不" 143
5. 屡次提醒,孩子仍不守规则该怎么办 146
6. 用说"是"的方式训练孩子的自控力 150
7. 不可缺少的环节:监督 153
8. 自然惩罚法,让孩子承担后果 156

第八章
从他律到自律,让遵守规则成为习惯

1. 主动降低期望,激发孩子自律 160
2. 孩子的事,忍住!别插手! 163
3. 目标管理法,让孩子从被监督到"自念紧箍咒" 166
4. 想孩子坚持,从培养"微习惯"做起 169
5. 把规则融进家庭文化 172
6. 延迟满足,让孩子扛得住诱惑 175

第一章

立规矩的关键期，不容错过

1. 等孩子长大再立规矩，就晚了

一位教授的儿子17岁了，每天朝他要东西，游戏装备、阿迪达斯鞋、手机、电脑……只要父亲不答应，他就会跳上窗台，扬言要去寻死。父亲无奈，只能一次又一次的妥协。

这位父亲向中国人民公安大学教授李玫瑾求助，她说："晚了，能给的你就给吧，给不了的，只能熬了。3到6岁你不管，现在想管也管不了了。"

错过给孩子立规矩的时期，再想给孩子立规矩，就晚了。比如，小时候，孩子出现"随意伤害别人取乐""不尊重老人""偷拿别人东西"等行为，很多父母或者爷爷奶奶说"孩子还小，不懂事，长大了就好了。"他们认为树大自然直，一些道理和规则，等孩子年龄到了，自然就懂了。

"树大自然直"主张的是顺其自然，孩子就能长大成才。这看起来是一个自然的成长规律，但果真如此吗？看看那些经过修剪的小树，多半挺拔美丽，更容易成为栋梁。而无人问津的小树，多半杂枝繁生，最终长成无用的歪脖树。而孩子如果不及时管教，一味放纵，后果只会比成为歪脖树更严重。

金星曾在节目《金星秀》中讲述了一个真实的故事，小美下班后买了个鸡排一边吃一边等地铁。旁边一个七八岁的小男孩看到了，就向妈妈撒娇也要吃鸡排，妈妈开玩笑似地说："想吃鸡排啊，找阿姨要啊。"然后，小男孩就很无礼地冲着小美说："我要吃鸡排。"小美没见过这种朝陌生人要东西吃的架势，就没吱声。小男孩闹得更凶了，妈妈一边哄他，一边嘀咕说："真小气，瞧那一身打扮，一看就不是什么好东西。"

然后，意想不到的事情发生了。就在地铁从呼啸而来的时候，小男孩在小美的背后，猛力推了一把。所幸，旁边一位先生一把抓住小美的衣服，向后一拽。地铁擦身而过，小美侥幸逃过一劫。

这个过程只有短短几秒钟，旁边的人都惊呆了，小美更是站立不稳，直掉眼泪。而小男孩的妈妈不仅没有道歉，更没有训斥他的行为，而是趁乱拉着孩子挤上地铁逃走了。

在某期《奇葩说》中，辩题"公共场所的熊孩子，如果父母无动于衷，该不该教育？"引发了大家的热烈讨论。有人说，每个熊孩子的背后都是父母的不作为。把孩子变成熊孩子的，不是什么"人性本恶"，而是父母的纵容。

相比小孩在电影院吵闹，父母的不作为，甚至用"孩子小不懂事"来搪塞，更加令人反感。通常，父母若能及时制止孩子的错误行为，就能让孩子认识到这样做是不对的，以后就会有所顾忌和收敛。孩子身上的劣根性如果小时候不被剪掉，长大后会更加无法无天，肆意妄为，甚至铸成大错。

金星调侃说："熊孩子如果现在不管教，长大了就要进监狱。"此言并不夸张，可以说，熊孩子到杀人犯之间差的仅仅是父母的管与不管。

一名95后女孩醉驾剐蹭多辆汽车后逃逸，途中撞上了一辆正在等红灯的宝马车，导致车上的两个人被活活烧死。女孩的父亲因为忙于工作，对孩子管教很少，事发后，他扇自己的耳光，悔恨不已。

熊孩子小的时候闯祸，你不管，等长大了，你觉得非管不可的时候，却管不了了。就像网上流传的那句话，你舍不得管的熊孩子，长大了，社会会帮你狠狠教训他。

金星说："要想让孩子受欢迎，不被人讨厌，就要教给他做人的道理和规矩。"瑞典一位精神病学家戴维·埃伯哈德，出版了一本《孩子们如何夺了权》。他在其中指出，在瑞典一些家庭，由于父母疏于给孩子"立规矩"，使得现在很多瑞典年轻人不懂礼貌，不会给别人开门，不会在地铁上给老人和孕妇让座。

孩子生来就是要接受教育和引导的，而这个引导要趁早，晚了就来不及了。父母作为孩子最信任的人和第一任老师，必须保证他们从小沿着正确的道路前进。父母一定要从小就给孩子立规矩。

>>> 及时制止，不可心软

当孩子做了出格的事时，比如说谎、打人、偷东西等，父母必须加以制止。绝不可以因为孩子年龄小等借口，而心软放任不管。

>>> **给予惩罚**

当孩子违反规则，父母总是会拿孩子还小而选择原谅和宽恕。如果是这样，就会让孩子认为就算违反了规则也没关系。既然制定了规则，就是用来遵守的，一旦违反就必须接受相应的惩罚。惩罚是为了给孩子一个警醒，让孩子对规则心怀敬畏。

>>> **避免以暴制暴**

当然，要坚决制止孩子的错误行为，但不要使用暴力，以防孩子模仿，把暴力当成解决问题的手段。许多有暴力倾向的孩子，本身就是家庭暴力的受害者。

没有父母愿意孩子长大后让人厌恶，甚至触犯法律，那就不要再把"尊重天性"当成是孩子闯祸的免责金牌。要避免孩子变坏，就早一点给孩子立规矩。

2. 1岁之前，为立规矩做好准备

很多人认为，1岁之前的小婴儿什么都不懂，没办法立规矩。这有一定的道理，但这不意味着什么都不用做。事实是，1岁之前，如果能做好一些准备，会让未来的立规矩之路变得更容易。那么，1岁之前，可以做哪些准备呢？

>>> **健康的饮食习惯**

如果不想让孩子变得挑食，就要在1岁前培养健康的饮食习惯。除了按时喂奶，更需要注意的是，从五六个月开始，添加辅食不仅要及时、按时，还要注意食物的多样化。什么菜都要让孩子尝一尝，不要老吃同一个口味。

4~6个月是婴儿味觉发育最快的时期，在这一时期，婴儿对品尝到的食物味道很敏感，并且会记忆深刻。比如，给他尝一点榴莲、醋或者辣椒，他的反应会很大。同时，他也会排斥新的味道，比如吃习惯了母乳的婴儿在换奶粉时会出现排斥，因为吃不习惯。但这种排斥只是暂时的，很快就会适应，慢慢地变得喜欢吃了。所以，多样化的食物，会不断激发孩子对各种食物的兴趣。

>>> **规律的睡眠习惯**

1岁之前养成良好的睡眠习惯，会让以后的作息规矩更容易被执行。睡眠习惯从婴儿出生就应该开始训练，训练的方式如下。

1. 建立昼夜观

昼夜观就是让孩子知道什么时候是黑夜，什么时候是白天。故，不要在孩子白天睡觉时拉窗帘制造黑夜的气氛，顶多把强光遮挡一下。也不必刻意保持安静，该做什么做什么，只要声音稍微小一点即可。这样做的目的是让孩子了解，在白天大家都在做些什么。

而在晚上睡觉时，则一定要关灯。有的妈妈为了方便照顾孩子，会整夜开一盏小夜灯，实际上这完全没有必要。如果开灯不方便，可以选择带遥控器的、可调亮度的小台灯。夜里喂奶、换尿布的时候，用遥控器打开很方便，用完就关掉，不必一直开着。总之，不要把喂夜奶弄得很隆重，以免孩子潜意识里觉得可以像白天那样起来玩一会儿。

注意，小夜灯的功率不必大，一般 8 瓦以下就好，安装的位置尽量低于床面。

当孩子夜里睡的时间很长，是全天最长的一觉，说明他的昼夜观已经建立起来了。

2. 按时入睡和起床

虽然孩子在 1 岁之前睡的比较多，新生儿平均需要的睡眠时间是 16 小时，一般 14～20 小时都是正常的。父母可以根据婴儿的睡眠需求安排他白天和晚上的睡眠时间。

比如，有的婴儿在白天睡 3 次，每次睡 2 小时左右，每次醒后玩一两个小时。有的婴儿可能睡的次数更少，睡的时间更长，或者睡的次数更多，睡的时间比较短，醒后玩耍的时间也各不相同。

无论如何，白天尽量减少睡眠，增多玩耍的时间，到了晚上九点左右喂一次奶，就安排入睡。夜里，如果婴儿不醒，不必害怕饿着他而将其唤醒喂奶。很多孩子在 2 个月的时候，晚上就能睡长觉了。

3. 自主入睡

有的孩子必须抱着才睡，好不容易哄睡了一放就醒，让养育者身心俱疲。其实，自主入睡的能力并不是天生的，而是需要学习才能获得的。父母要有意识去培养孩子的这个能力，在《卡普新生儿安抚法》中，作者讲述了一个5S安抚法，即裹襁褓、侧躺、轻轻摇晃、发出嘘声、吸吮。因为这五个安抚行为对应的英文单词都是以"S"开头，所以称为5S安抚法。

这个5S安抚法模拟的是母亲子宫内的环境，能帮助孩子安心入眠。但这些方法的使用是递进式的，如果第一个裹襁褓的方式有效，就不用尝试其他方法了。如果效果不好，可以继续尝试其他方法。

>>> **培养自我安抚的能力**

所谓自我安抚是指自我调节和控制情绪，避免过度刺激的能力。当新生儿被温暖的襁褓包裹，并且被轻轻且富有节奏感的摇晃，从中感受到关怀与爱，因此停止哭泣，趋于平静。这种借由怀抱、摇晃获得的平复情绪的能力，就是婴儿的自我安抚能力。

自我安抚能力可以帮助婴儿稳定情绪，形成健全的人格。调查显示，自我自我安抚能力的培养，可以提高孩子未来的独立能力和情商。

在1岁之前，父母可以通过拥抱、亲吻婴儿，帮助他进行自我安抚。同时，也尽量避免打扰婴儿的独处时光。比如，允许婴儿自己玩，啃脚趾，玩小手，嘴巴里咿咿呀呀，或者安静地待着，不必时刻陪着他。通常，他会自己玩得很好。大一点的时候，可以在他身边放一些玩具、布书，或者在他胳膊上绑一个气球，让他自己玩耍。前提是，确保婴儿独立玩耍时要安全，比如不会跌落，或者被尖锐的玩具扎伤等。

>>> **及时满足建立安全感**

有安全感的孩子，无论是对规矩本身还是规矩的执行，都更容易接受和适应。因此，在1岁前，我们要尽量满足婴儿的需求，给他足够的安全感。

儿童心理学家说："在婴儿1岁之前，是培养他与养育者产生信任和亲密感的关键期。"刚出生的第一年，婴儿不能做出判断，只能以哭的形式来表达自己的需求，渴了饿了，或者是尿了不舒服了等。及时做出恰当的回应，可以帮助婴儿发展对他人以及这个世界的信任感。

这是因为人的内脏是有记忆功能的，哭作为一种痛苦的感觉是会被记住的。而如果婴儿哭的时候能及时被抱起来，这种痛苦就会转化为满足和幸福，使得内心越来越坚强。相反，如果没有得到及时的回应，这种痛苦的记忆就会加深，长大后也会经常有这种感觉，从而变得没有安全感，容易焦虑和走极端。

不少父母都了解延迟满足的好处，但延迟满足训练只适合3岁以上的孩子，对于1岁前的孩子反而会造成很大的伤害。

父母在孩子1岁之前辛苦一点，做好准备，后面的养育就会轻松很多。

3. 当孩子开始说"不",就可以立规矩了

父母最关心的是规矩什么时候立最合适?我们常听到的声音是2岁左右,如果说得更具体点,在孩子开始说"不"的时候,就可以给孩子立规矩了。

孩子开始说"不",说明有了自主萌芽意识,自我意识开始觉醒。具体表现还有喜欢强调"我",完全以自我为中心,占有欲强,不愿意分享,极力反抗别人的安排,对别人的干涉非常敏感,任性固执等。这些都说明孩子开始进入了规则的敏感期,并且具备了初步判断能力,这是孩子成长过程中的第一个独立期。

自我意识敏感期一般在孩子2岁左右出现,3岁达到高峰。这个时期是孩子所有敏感期中最为重要的一个,是孩子未来人格构建的最早映射。孩子未来会成为什么样的人,是否有自律的能力,都和这一阶段的引导有关。如果管教得当,适当提醒,孩子就会从挑战规则顺利过渡到愿意配合规则,再到自愿主动配合规则,最后成长为一个自律的人。

在自我意识萌芽之前,孩子只会以哭闹来表达自己的需求,比如,渴了、饿了、拉了、不舒服了……这一时期,父母需要尽量弄懂且及时满足孩子的需求,帮助孩子建立与这个世界的信任感。而且,这一时期,孩子没有规则意识,且缺乏理解能力和自我控制能力,不必急着立规矩。

当孩子开始说"不",有了自主意识,可以给孩子立规矩,但由于孩子年龄尚小,父母在立规矩的时候要注意这一时期孩子的特点,采取正确的态度和做法。

>>> 支持孩子的独立

这一时期孩子自我意识的核心是"我",专家说,孩子在0~6岁,甚至有的孩子一直持续到12岁,几乎将所有的热情和注意力都集中在了自我的构建中。他们内心渴望自主自立,什么都想自己完成。比如,坚持自己叠衣服,自己洗碗,自己穿鞋,自己按电梯。只要在安全的范围内,父母尽量放弃代替,放手让孩子自己做,并在孩子做的过程中提供必要支持,如孩子因为个子矮够不到电梯按钮,不妨把孩子抱起来。

重要的是父母一定不要嫌麻烦,而拒绝孩子自己做事。这是孩子独立成长的开端,因此而产生的麻烦,如穿鞋时间过长,洗碗洗不干净、洗衣服浪费了半瓶洗衣液等,对孩子的成长来说是必要的。父母要承认孩子的独立性,乐于看到孩子愿意自己动手。

在孩子想要的独立的时候,父母要在保证安全的前提下,支持孩子自己动手。当然,承认孩子独立,并不是完全放手让孩子去搞"破坏"。而是父母的身份由代替者变成帮助引导者,在孩子独立做事的过程中,帮助他掌握更多的生活技能。

>>> 建立信任关系

这一阶段的孩子喜欢反抗,哪怕内心同意,表面也会说不,但对于自己信任的人,他们乐于言听计从。所以,这一阶段父母在建立规则时，重点是构建信任。

信任的建立和父母的态度有很大关系，要避免使用否定、禁止和命令的语气，代之以商量、请求和希望的语气。如"宝宝可以帮妈妈把碗送到厨房吗？""宝宝，包裹太重，妈妈拿不动，请你帮忙啊。""宝宝昨天把桌子擦得很干净，今天再擦一次，可以吗？"

诸如此类，类似于"能否麻烦您让一下""我有个问题，想要请教您，可以吗？""感谢您上次鼎力相助，这次我们可以继续合作吗？"……成年人之间流行的沟通方式，同样适用于孩子。当父母像尊重大人一样尊重孩子，孩子自然会高高兴兴地完成。

信任的建立也依赖于父母的肯定、赞扬和爱，当他们的希望得到满足，内心被满足，就会产生开心、惊喜等积极的情绪。孩子在情绪好的时候，自然更容易和父母建立积极的关系。只有在父母关系亲密的时候，孩子才会心甘情愿接受引导管教。

给孩子立规矩不是为了把孩子框起来，让关系变得疏远。相反，立规矩是父母和孩子之间的情感纽带，正确的立规矩可以促进亲子关系。

>>> 不谴责孩子的不当行为

当孩子处在自我意识的敏感期，父母一定要多多使用同理心去理解和接纳孩子，而不是批评和指责。

比如，当孩子不愿意分享，因为别人抢了自己的玩具发脾气，甚至出现咬人、打人等极端行为，父母应先把孩子拉开，先接纳说:"我知道你现在很生气。"先让孩子冷静下来,然后再帮他回顾刚才发生的事情,引导他对刚才的行为进行分析,如"你不想把玩具给别人玩对吗?""动手打人对吗?""如果别人抢了你的玩具,你应该和他说什么?"而不是急于批评,甚至恼羞成怒直接把孩子打一顿。

有人说小孩子不懂事,打一顿才长记性,但事实上,暴力压服并不利于孩子认识和改正错误,而且有了自我意识的孩子更容易和父母对着干。只要先接纳孩子的情绪,才有利于给孩子立规矩,管教孩子的行为。

一个人的成长和持续发展,和幼儿时期自主性和自觉性的培养息息相关。父母要留心观察孩子进入自我敏感期的特征,抓住时机及时采用正确的方式策略给孩子立规矩。如此才能培养自信、独立、不固执又技能满满的孩子。

4. 6岁之前,要给孩子立的三个规矩

很多父母虽然也知道要给孩子立规矩,但却不知道什么是给孩子立规矩,也不知道什么时候该立什么规矩。

曾有网友在路上拍下了可怕的一幕,一个9岁的男孩居然开车上路,他的妈妈就坐在副驾驶位置。当被交警拦下,她的妈妈还笑着说:"不要吓着孩子。"原来,妈妈接孩子放学,孩子非要缠着妈妈开车,妈妈觉得孩子很聪明,且有开玩具车的经验,就

决定让他练练手。

这位妈妈可能也知道,孩子的行为是不对的,但却把孩子的不懂规则理解为"胆大敢尝试""动手能力强"的优点,而且从妈妈妥协的行为看,她已经习惯了孩子一提要求就满足的教育方式,根本没有意识到要给孩子立规矩。把对孩子的纵容当成是爱,去挑战规则,才是对孩子最大的不负责。

所谓给孩子立规矩,就是培养孩子的敬畏之心。一个没有敬畏心的孩子,在家中目无尊长,对长辈大呼小叫,颐指气使。在社会上,无视规则,比如"在火车轨道上玩耍""乱闯红灯""在景区乱涂乱画"等。在与人相处中,没有礼貌和同理心,比如威胁别人,随便拿人东西,动手打人等。给孩子立规矩的目的,就是为了帮助孩子分清对错,学会自我控制,避免其成为一个处处以自我为中心的人,同时也学会自我保护。

前面,我们说过从孩子说"不"的时候就可以立规矩了,那么在6岁之前,都应该具体立哪些规矩呢?

>>>3岁前,让孩子知晓能与不能

3岁以前,孩子尚没有什么道德意识和处世的能力。这一时期,不适宜讲空泛的道理,因为孩子不懂。但这不等于不需要规矩,这个阶段的规矩主要是让孩子知道什么不能做,比如,不能玩火,不能抠、捅插座,不能碰热的电水壶,不能靠近水边,不随便给人开门等,避免危险,增强安全意识。

父母可以选择在孩子心情愉悦的时候讲规则,这样比较容易

被接受。比如，孩子刚刚得到一辆滑板车，就可以趁机告诉他滑板车的安全规则，并且明确告诉他，如果违反规则，就会失去玩滑板的机会。或者可以在孩子看动画片的时候，依托里面的情节讲一些安全知识，效果会更好。

为了避免孩子受伤，父母要在可能出现危险的情况下，进行提醒。比如，手放在门框上容易被门夹着，玩剪刀容易被划伤，拿开水容易被烫伤，在沙发上蹦高容易摔下来，踩玻璃碴容易扎脚等。如果孩子未听劝告，导致"事故"发生，不要指责孩子"瞧瞧，让你不听我的话"，也不要胡乱推卸责任，说"都怪这个门，我打它"之类的话。应该及时抱起孩子进行安慰，在确认没什么大碍的情况下，等孩子情绪平复后，给孩子演示一下造成伤害的原因，比如为什么手被门夹了，然后，告诉孩子正确的开门、关门方法。

如果从小还没有建立这种规则，孩子大了之后，做事就没有顾忌。换句话说，在他的思维模式里面，就没有界限甚至连底线都没有，所以才做出危险的行为。所以，3岁之前，一定要给孩子一个安全行事的范围，让他知道超越底线是不允许的。

>>>3～4岁，教孩子基本的社交礼仪

孩子到了3岁，具有较强的自我意识，也已经知道一些基本的人际关系，比如叔叔阿姨，爷爷奶奶。这一阶段，重点要教孩子一些礼貌常识，拥有一定的社交能力，学会和同伴交往相处。研究显示，儿童早期对社会的适应能力，决定着他们成年后的社会适应能力。

但每个孩子的性格不同，比如有的孩子活泼好动，有的孩子害羞内向，基于孩子不同的性格，引导孩子的方法也应因人而异。比如，孩子怕生，与人说话总是低着头，可以和孩子玩对视的游戏。"看我们能不能对视 5 秒钟。"如果孩子不敢，可先让他和布娃娃，小熊等玩具玩对视游戏。这种挑战的小游戏，很好地利用了孩子的好胜心。尤其是当孩子成功挑战了一次，后面就越来越容易。

再比如，教孩子介绍自己。对于内向胆小的孩子，可以先在家里练习。父母先站在设置的舞台上介绍自己，然后鼓励孩子去模仿。

父母对孩子社交能力的积极引导，对孩子的人际关系能起到很好的促进作用。

>>>4 ~ 5 岁，教孩子明辨是非

四五岁的孩子，已经有了是非的概念了。这一时期，重点是帮助孩子建立起正确的价值观，分清什么是好的和坏的，什么是对的，什么是错的，避免走歪路。比如，打人、骂人是不对的，摘公园里的花也是不对的。当小弟弟摔倒了，把他扶起来，或者帮别人捡起掉在地上的东西，则是值得称赞的。当大人不断对重复出现的行为，做出相同的点评和要求，孩子初步的道德观念就建立起来了。

一些父母喜欢用寓言故事来对孩进行道德教育，但这里故事

比较抽象，不容易应用于生活。最好的方式是，以孩子在学校、马路、游乐场、公园、公交车等地方，看到的真实情景为依托，告诉孩子为什么不能这么做，应该怎么做。比如，在公园看到一个遛狗的阿姨，在狗排泄后，用报纸包起来，扔到了垃圾桶，就是非常好的道德教育机会。

不过，这一时期的孩子，道德行为和判断还处于萌芽期，明辨是非的能力还很差，不要过高要求。比如孩子捣乱、惹事，并非故意惹人生气，应耐心做好引导和启发，而不要斥责。不然，孩子不明白错在哪里，教育的效果也就不大。

一味放纵孩子，只会让孩子失去规则意识，不懂得是非。只有在规则限制之内的自由，才能让孩子获得更多自由。

5. 为什么说 3～6 岁是立规矩的黄金期

立规矩也有黄金期，中国人民公安大学教授李玫瑾说："3～6 岁，一定要把性格培养到位。而所谓性格培养，就是给孩子立规矩。"她举了个很形象的例子，孩子 3 岁，你不满足他的要求，他最多是满地打滚哭闹。但孩子到了 15 岁，他可能会和你争吵，离家出走，甚至自残、自杀。李玫瑾教授强调，6 岁之前，一定要给孩子立规矩。

那为什么说 3～6 岁是立规矩的黄金期？这是因为立规矩的过程是痛苦的，3～6 岁这个阶段，虽然孩子的自主意识强烈，但这一时期孩子仍然处于依恋父母的阶段，更容易顺从父母。而一旦过了6岁，孩子的反抗意识崛起，开始独立思考问题，相比于两三岁时的叛逆期，更加难以对付。再加上之前并没有养成遵守规矩的习惯，想要孩子重新学习遵从规矩就很难了。

更重要的原因是，3~6岁这个阶段是孩子性格、习惯和生活方式形成的关键期。科学家将这个阶段称为"潮湿的水泥期"，意思是这个时期的孩子，性格就像是潮湿的水泥，可塑性极强。一旦过了这个时期，比如7~12岁的孩子被称为"正凝固的水泥期"，当水泥慢慢凝固，性格稳定下来，再想改变就不容易了。所以，父母一定要在这个可塑期给孩子立规矩。

3岁，多数孩子进入幼儿园，从在家只和父母、玩具相处，转化到和小朋友、老师相处，开始经历与人交往的过程。虽然人际交往是天生的，但效果的好坏却取决于性格。这个性格体现在是否懂得合理管理自己的情绪，是否懂得关注他人等。这些又都属于人际交往中的规矩，父母要让孩子在与人相处中学会合理表达自己的情绪，懂得关注和关心别人而不是只关注自己，这样帮助他交到更多朋友，在集体中更受欢迎。合理的规矩，才能培养出一个独立自主、情商高、性格好的孩子。

3~6岁的孩子，自我意识达到高峰，什么事他们都希望自己来决定。同时，他们各种能力获得进一步发展，越来越懂得和父母周旋、较量。所以，这一时期，给孩子立规矩要注意以下几点：

>>> 在3~6岁树立孩子的规则意识

3~6岁的孩子往往会出现一种"固执"的倾向。比如，平时一直是妈妈给自己晚安吻，换成爸爸了就不行，哭闹不休，不肯入睡。妈妈让孩子在冬天时穿袜子睡觉，但天气暖和了，妈妈却发现孩子不穿袜子就不肯上床。

其实，这并不是孩子开始固执、任性了，而是在孩子的内心已经有一套"秩序"了。这个时期的孩子会通过日常中的点滴小事来构建属于自己的秩序，一旦秩序被打破，他们就会陷入不安，变得说不通道理、喜欢哭闹。父母面对孩子的哭闹要做到耐心，多和孩子沟通，引导孩子说出自己的不满。父母要让孩子接收到一个信息：哭闹是没有用的，只有孩子说出自己的问题，父母才可以去解决问题。

父母可以趁着孩子建立"秩序"的时期，给孩子立一些小规矩，比如：睡前要刷牙，洗手时要做洗手操等。这个时候立下的规矩，孩子会自觉遵守。

>>> 满足孩子的占有欲

3~6岁的孩子，会表现出很强的占有欲。很多孩子不愿意和其他人分享自己的东西，甚至会去抢夺其他人的东西。这是由于孩子的"自我"意识逐渐觉醒，占有一件东西的行为会让凸显到自己的存在感，吸引其他人的注意力。这样的行为是每个孩子都会有的，父母不必觉得这是孩子自私任性。父母在这个阶段能做的只有两点。

一、不强迫孩子分享。这个时候孩子对事物的所有权会异常敏感，父母强迫孩子分享只会让孩子失去安全感，产生抵触的情绪。

二、不要让孩子抢其他人的东西。父母要告诉孩子，如果想要得到别人的东西，一定要争取别人的同意，或者和人交换。但强抢是绝对禁止的，父母一定要把这个规矩明确地告诉孩子。

>>> 忽略孩子的语言试探

孩子在3~6岁期间会意识到：语言是有力量的。所以为了印证这个发现，孩子会说出很多会挑起父母怒火的脏话，看到父母真的生气了，孩子就会说出更多的脏话，期待父母的下一步反应。

所以，当孩子出现这种情况时，建议父母不要对孩子的行为做出反应，就当作没有听见。因为无论是惩罚还是训斥，都只会让孩子更加兴奋。只有当孩子意识到自己的语言对父母没有任何影响时，孩子才会失去对脏话的兴趣。时间长了，孩子的脏话问题就会不药而愈。

>>> 展示规则的好处与坏处

父母希望孩子守规矩，就要让孩子看到守规矩的好处，和不守规矩的坏处，这样孩子就会做出对自己有利的选择。比如，父母让孩子按时上床睡觉。前几天父母可以通过各种方式让孩子入睡。后几天父母不再干涉，孩子想几点睡就几点睡。孩子就会发现如果自己按时入睡，第二天起床就会精神满满。如果自己不按时入睡，第二天就会头痛犯困。当孩子了解到遵守规则给他带来的好处要大于坏处时，就会愿意遵守规则了。

父母只有了解处于"立规矩的黄金期"孩子的特点，才能够制定出适合孩子的规矩，让规矩发挥作用。

6. 立规矩要用孩子能懂的语言和逻辑

处于不同成长阶段的孩子，认知能力和理解能力有很大差异，立规矩时孩子能懂的语言和逻辑，才能被理解和接纳。

年糕妈妈曾讲述过一个故事，说的是4岁的小女孩口渴了找母亲要水喝，但母亲却拒绝道："没有水。这就是你非要吃棒棒糖不可的代价，自己做的选择，就要付出相应的代价。"

原来是小女孩一定要买棒棒糖，尽管母亲告诉她买了棒棒糖就没钱买水了，她仍然执意选择了棒棒糖。母亲想要给孩子立"少吃棒棒糖"的规矩是可以理解的，但母亲电视剧台词式的说理方法，如果孩子12岁大概能听懂，但4岁的孩子恐怕根本不能理解。这位妈妈完全可以让孩子了解吃糖的坏处，和孩子协商吃糖的数量，制定关于吃糖的规矩。

对于低龄段的孩子来说，理解一些语言还比较困难。比如，5岁的孩子在慢吞吞吃早饭，你在旁边催促说："快点，妈妈要是迟到就被开除了。"孩子听后，并没有做出改变，这是因为孩子无法理解你说的"快点"怎么快，有多快，从而不知道怎么配合你。如果你在吃饭前,告诉孩子15分钟必须吃完,吃饭中途再提醒他一次,还有几分钟,孩子通常能执行。如果想要执行好一点,还可以在按时吃完时,给点奖励。因此,给孩子立规矩,信号要明确,保证孩子听得懂。那么,如何才能做到这一点?

>>> 立规矩的话要让孩子能听懂

对于和自己切身利益有关的表达,孩子更容易理解。比如,上面那位母亲说的自己会因为孩子吃饭慢而"被开除",就不如说等会晚了就"没时间给他讲故事",更容易孩子理解。

>>> 用简单的逻辑代替复杂的情况

比如,一些动作是否危险可能和当时的场景以及看护人有关,像爬高,母亲个矮,孩子爬太高保护不了,而父亲个子高,爬稍微高一点,也能应付。如果情况比较复杂,孩子懵懂,可以用"做……之前,要告诉大人"这样简单的逻辑来立规矩。

>>> 使用简单直白的肢体语言

比如,你想让孩子停止吵闹,用一根手指放在嘴边,发出轻微的嘘声,要比大叫着让孩子别吵了有效的多。这个技巧非常适用于简短指令的传递,尤其是禁止类的规矩会非常有用。同时,使用肢体语言还有一个好处,就是避免重复规矩让你失去耐心,从而减少你因心情不好而大吼大叫,有助于保持温柔而坚定的态度。

对于孩子不能理解的抽象概念,比如多少、长度、时间等。涉及时间长度,如刷牙3分钟,玩手机10分钟等,可以借助沙漏，或者钟表的指针，告诉孩子沙漏漏完，或者长针走几个格，时间就到了。涉及多少的概念，如少吃零食，可以告诉孩子今天之内吃一袋薯片，或者一个冰激凌，让孩子立即明白。

>>> **用图来帮助孩子了解自己要做的事**

尤其是1～3岁的孩子理解图像的能力明显优于理解文字。父母可以和孩子准备一个小黑板，用照片、卡通贴纸，或者孩子自己把规矩画出来贴墙上。执行完后，就在后面奖励一个对号、笑脸或小星星。图像式的规矩能让孩子清楚了解自己要做的事，孩子自己画的图像，还能增加孩子的参与感，从中获得更愉悦的体验。而完成后的奖励反馈既直观又积极，能激发孩子遵守规矩的内在动力。

当你立的规矩，孩子没有执行，或者执行错误，不要总抱怨孩子，更要反省你立的规矩是否超出了孩子的理解能力。比如，像诚信、尊重、信守诺言、讲卫生等一类的笼统道理，对于心智未开的孩子，说了也等于白说。

通常来说，孩子的抽象思维是在六七岁到青春期期间建立的，在此之前，都是以形象思维为主，讲道理根本没有用。不如直白地告诉孩子该怎么做，比如吃完饭用纸巾擦嘴，鼻涕不能往袖子上擦。

不要高估小孩子的理解力，如果规矩太复杂，不但不能让孩子遵守，相反还会让孩子稀里糊涂。当然，把规矩说得容易理解，并不等同于简单粗暴的命令。

给孩子立规矩，就是帮孩子建立对规则意识的认知。既然是建立认知，有一个重要的前提条件是，用孩子能理解的语言和逻辑去介绍规则。

第二章

小学前,这些日常规矩要立好

1. 餐桌上的规矩不能少

亲朋好友聚一起吃饭，如果有孩子不管不顾转餐桌圆盘，把喜欢的菜都夹到自己碗里，或者在盘子里挑挑拣拣。即便你表面上不说什么，也会在内心里鄙视这个孩子没规矩，指责其父母不管教。

提到"管教"，不少人都会将它同惩罚对等起来。其实，这个词最初源自于拉丁文中的"教"，并没有"惩罚"的意思。从本质上讲，管教是长辈对晚辈，年长者对年幼者，上位者对下位者，进行的必要的规则、礼仪指导，是善意的经验传授。与那种惩罚连接起来的管教不是一回事。孩子在餐桌上没有礼貌的样子，也许能得到别人的原谅，但大人的责任却不那么容易推卸。父母在餐桌上对孩子的放任，等于亲手把孩子培养成了人人讨厌的熊孩子，同时也把自己置于尴尬和没面子的境地。

吃相不雅的孩子，首先反映的不是他的恶习，而是他父母的教育，他所在家庭的素养。

世界著名礼仪大师威廉·汉森说："善于观察的人，只要一顿饭，就能知道你父母生活的背景，以及教育的背景怎么样。"

孩子的就餐习惯像其他习惯一样，一旦养成很难改变。如果你不想孩子在 20 年后，因为吃一顿饭就被否定或者厌恶，那就从小给他制定餐桌规矩，培养良好的就餐习惯。

>>> **保持安静**

我们经常看到有孩子在餐厅里到处喧哗乱跑，这是非常不礼貌的。对此，父母出门前就餐前，最好先给孩子打"预防针"，告诉他到了餐厅要保持安静。在就餐前，可先带孩子到处转转，看看餐厅周围的摆设或环境，以缩短他在座位上的时间。

如果孩子还小，不要一口气就把他喂饱，让他和自己保持一样的进食速度，以免他一饱就精力充沛，坐不住。此外，还可以拿出随身带的童话书给孩子看，让他保持安静。

>>> **坐有坐相**

餐桌上要让孩子保持挺拔的坐姿，坐正坐直。这样不仅好看，也有利于孩子消化。不能歪着、斜着或趴着，不可边玩边吃，甚至爬到桌子底下玩耍。更不能脱鞋，或把脚跷到椅子上，甚至桌面上，也不能把脚伸得太长，以免影响到对面的人。

>>> **夹菜的规矩**

年龄小的孩子，尽量由父母帮助夹菜，放在专属的儿童餐具里。大一点的孩子可以自己夹菜，但要告诉孩子，在一道菜上桌后，不要急于夹取，而要等主人或长者动筷后再去取食；如果需使用公筷或公用调羹的菜，应先用公筷将菜肴夹到自己的碟盘中，然后再用自己的筷子慢慢食用。

在转动的桌子上用餐时,要等到菜转到自己面前时再动筷夹菜,如果抢在邻座前面夹菜,是很失礼的。每次夹菜不宜过多,不要刚夹一样菜放于盘中,紧跟着又夹另一道菜;也不要把夹起的菜放回菜盘中,又伸筷夹另一道菜。

>>> **喝饮料的规矩**

在用餐的时候,孩子们总喜欢喝饮料。要告诉孩子不能把手伸到别人面前去拿饮料,而应该请别人把饮料递给你。在提出这项要求时,一定要说"请",拿到饮料后要对人说"谢谢"。倒饮料时,应该一手紧握把手,一手扶住杯子的另一侧,以防倒洒。

>>> **不许在盘子里挑拣**

不要纵容孩子在盘子里中翻来翻去,挑拣自己喜欢的菜。有的孩子甚至将自己喜欢的菜从盘中全部挑走,这是一种很失礼的行为,并且显得自私、目中无人。另外,夹菜时,动作幅度要尽量小,避免菜汁洒出来。

>>> **不要对着热的食物吹气**

很多父母都习惯对着热的食物吹气,然后再把食物喂给孩子,然后孩子也受感染养成了这个习惯。其实,这是不卫生,也不雅观的。同时,也要避免孩子将烫的食物放进嘴里,大张着嘴呼气,或者用手扇风,这种声音是令人讨厌的,会引起其他进餐人的不适。

>>> **吃到嘴里的食物不能随便吐出来**

吃的食物太辣、太烫或者不喜欢,一些孩子会直接吐出来,实在很不礼貌。父母要告诉孩子食物不可以随便吐出来，如果实在忍受不了，可以让孩子背过餐桌，吐在纸巾里，并请服务员处理掉或者自行扔到垃圾桶里，以免影响其他人的食欲。

>>> **不吧唧嘴**

吃饭吧唧嘴，虽然代表自己吃得香，吃得投入，但这个声音却会让别人倒胃口。吃饭时狼吞虎咽很容易吧唧嘴，父母应让孩子养成小口吃饭，慢慢咀嚼的习惯，才不会制造声音，干扰别人。另外，喝汤时不要吸溜，可以用汤匙舀出来，小口喝，就不会发出声音。

>>> **不消极评价食物**

不管在哪里吃饭，都不要允许孩子抱怨饭菜的味道，任何消极的评价都是没有礼貌的表现。父母要让孩子怀着一颗感恩的心来享受每一顿饭，这是对准备食物的人最起码的尊重。

>>> **咳嗽、打喷嚏和擤鼻涕**

在吃饭的时候打喷嚏和咳嗽是难免的，一定要让孩子扭头，用纸巾捂着嘴鼻，同时对别人说对不起。如果想要擤鼻涕，请带孩子离开餐桌，去卫生间进行，以免影响别人。

有人说，大的商业交易或爱情往往是从餐桌上开始的。餐桌上的淑女绅士形象，将会伴随孩子一生，并给他带来事业和爱情上的好运！

2. 制定孩子愿意遵守的作息时间表

按时睡觉，按时起床，养成规律的作息习惯，对孩子来说有多重要？有研究证实，睡得晚，睡得少，或者睡觉时间不规律，会影响孩子的智力发育，降低反应、阅读和记忆等能力。还有研究证实，孩子的身高 70% 来自于父母的遗传，在剩下 30% 的后天因素中，睡眠的影响占据第一。因为在深度睡眠中，会分泌大量的生长激素。

专家建议，3～6 岁的幼儿，必须保证每天 11～14 小时的睡眠，最佳的睡眠时间是晚 8 点到早 7 点。7～12 岁的少儿，必须保证每天 9～11 小时的睡眠，最佳的睡眠时间是晚 9 点到早 7 点。

但越是了解这些，很多父母越是焦虑，为什么？因为让孩子按时睡觉和起床太难了，作息规矩制定了一份又一份，可奈何就是执行不下去。

我们经常遇到的是"每天让孩子上床睡觉太痛苦了，从 8 点开始收拾，10 点多还没睡着。""一到暑假，孩子就晚上不睡，早上赖床，怎么催都不管用。""我每天下班到家就 8 点多了，孩子缠着我不肯睡，天天跟着我熬到 11 点。"没有规律的作息习惯，不仅影响孩子自身的成长发育，也会让父母或者其他养育者非常辛苦。

对于让孩子到点睡觉，按时起床，很多父母都表示很无力。

下面，我们来看看如何制定规矩，有助于培养孩子作息规律。

>>> 规定早起时间

父母总是头疼，孩子晚上各种折腾，就是不肯睡。要想避免孩子睡得迟，必须保证孩子早起。早起的时间，直接决定了孩子晚上入睡的时间，然后又关联到第二天早上起床的时间。

制定一个简单的作息时间表，规定一个早上起床的范围，比如 6 点 50 到 7 点 10 分。无论孩子前一天晚上几点睡的，都必须在这个时间范围内起床。千万不要心疼孩子昨天晚上睡晚了，早上就让他补会儿觉吧。这样只能越来越深地陷入晚上不睡，早上不起的恶性循环。

如果孩子睡晚了，仍然按时起床，这样到了晚上，自然就会睡得早。坚持执行下去，规律的作息习惯就能养成。

>>> 午睡

经常有家长说，"我家孩子从不午睡。"虽然不午睡好像也不是什么大毛病，但上了幼儿园，别的小朋友都午睡了，剩下不午睡的孩子，脾气好的老师会带着去别的房间玩，那脾气不好的老师呢？而且，午睡对孩子来说有很多好处，比如消除疲劳、提高免疫力、帮助消化、调整情绪等。

孩子没有午睡的习惯，要么是早上起的太晚，要么是父母没有要求。当孩子 1 岁后，白天睡觉时间变少，可以慢慢培养孩子睡一个午觉的习惯。可以参照幼儿园的作息，要求孩子按时午睡。午睡的时间一定要把控好，一般保持在 1~2 小时就好，太短起不到作用，太长势必会影响晚上的入睡时间。

>>> **睡前禁忌**

如果你让一个正在疯玩，或者正为第二天的郊游激动不已的孩子，立刻去睡觉，恐怕是很难做到的。因为大脑在特别兴奋的状态下，容易出现难以入睡的情况，即便是睡着了，睡眠质量也会比较差。所以，一定要避免孩子在睡前从事兴奋的活动，比如打游戏、剧烈运动等。

另外，晚饭避免孩子吃太饱，睡前1小时内，不宜吃东西。睡前进食不仅会影响睡眠质量，还会导致孩子积食，消化不良，精神不振。

>>> **睡前仪式**

如果孩子入睡困难，可以通过睡前仪式建立睡眠反射。睡前仪式可以根据实际情况自己设定，下面的程序可以参考：

1. 洗澡、洗脸、刷牙；

2. 上床，换睡衣、躺下；

3. 讲故事；

4. 道晚安。

当这一套程序完成，孩子就知道时间到了，该睡觉了。其实很多孩子不肯睡，是依赖母亲，不想和母亲分开，尤其是职场女性，白天见不到，晚上孩子自然想和母亲多待一会儿。如果母亲能和孩子一起完成睡前仪式，让孩子有被陪伴，被关爱，被呵护的感觉，孩子被满足了，自然就会乖乖入睡了。

需要注意的是，这个仪式尽量在一个相对固定的时间段进行，避免打乱作息规律。

3. 约法三章，让孩子合理使用电子产品

拿起手机、平板，就不撒手，玩起来没完没了。不仅损伤视力，而且阻碍孩子社交能力的发展，甚至导致孩子在网上陷入各种骗局。但，在这个读屏时代，电子产品又不能完全杜绝。如何既能让孩子受益于电子产品，同时又能保持安全距离，是每个父母头疼不已的问题。

很多父母把电子产品视作洪水猛兽，完全不给用。另外一些父母，将其作为哄娃神器，图的是自己省心。这两个极端都是不可取的，在寻求正确的解决方法之前，我们需要先来了解一下导致孩子成为"手机控""平板控"的原因，以便对症下药。形成这个现象的原因是多元的，与家庭环境脱不开关系。

首先，父母自己电子产品不离手。

一位父亲一边刷抖音，一边等上跆拳道的孩子下课。孩子下课了，凑在他旁边一起看，他也浑然不觉。这样的场景是不是很熟悉？无论吃饭时，等孩子放学时，等孩子上兴趣班下课时，甚至陪孩子写作业时，父母总是手机不离手，看得十分忘我。

研究发现，父母当着孩子的面玩手机、看电视，孩子想要玩手机、看电视的欲望会提高 1~2 倍。父母对电子产品的痴迷，

自然会影响正处于好奇阶段的孩子。我看手机，你去阅读，这样的方法，永远也无法奏效。而且，当父母只关注手机，孩子也会因为受冷落而愈加沉迷于电子产品，或者在网络上寻求寄托。

其次，游戏本身的吸引力。

游戏本身就具有强大的吸引力，闪电般的处理速度，雷电般轰鸣的声音，急速变幻的画面，都是无法拒绝的诱惑。而且每一款游戏设计者都是心理高手，他们擅长先从最简单的部分勾起孩子的兴趣，然后逐渐设置一些奖励，匹配各种虚拟或真实玩家的游戏。这样不仅带给孩子感官上的刺激体验，还会让孩子产生期待欲罢不能。

但这并不是不能抗拒的，因为对孩子来说，还有更多比游戏更有趣的事情。比如，亲子游戏、绘本阅读、户外活动等。只要父母愿意，总是能有办法把孩子从电子屏幕前吸引走。

另外，使得游戏本身具有强大吸引力的原因还有一点，那就是父母的禁止。越不让玩越想玩，而当父母允许孩子玩，甚至陪玩的时候，得到满足后的孩子反而不会沉迷。

最后，孩子本身自制力不足。

科学家研究发现，人的自控力是大脑前额叶掌控的。而一个人在26岁之前，前额叶都一直处于发育中。所以说，由于发育尚未成熟，孩子本身的自制力是不够的，尤其很容易受身边同伴的影响。比如，同学正在打某个游戏，喜欢用哪个应用程序，孩子也会主动去尝试。

不过，自控力也是可以从小引导和培养的，尤其不能对孩子听之任之。比如，孩子写作业坐不住，父母首先要表示理解然后适当引导，"我知道你很想出去玩，但玩的时候总还是要惦记作业，如果写完再去玩，就能玩得更痛快了。"

无论是什么原因导致的，父母都要明白，使用电子产品的欲望和其他欲望一样，宜疏不宜堵。最好的方法，是和孩子约法三章，让孩子心甘情愿配合制定的规矩。

>>> 3岁之前不要用电子产品哄孩子

3岁之前，不要让孩子养成看电子产品的习惯，尤其是吃饭时。你以为孩子专注了，听话了，其实那都只暂时的，长远来说弊远远大于利。如果不能完全隔离使用，必须将时间控制在10分钟，而且要看由父母陪同互动，观看原画质、原声道的动画。

>>> 约定玩手机、看电视的时间

3岁之后，孩子看手机、看电视可以，但是要有时间限制，不能无节制地沉溺其中。例如，在周一到周五期间，每天可以玩半小时的手机，看半小时的电视。饭前玩半小时的手机等待开饭，饭后看半小时的电视消食。到了周末，父母可以将玩手机、看电视的时间提高至1小时，分阶段进行，上午玩半小时的手机，看半小时的电视，下午玩半小时的手机，看半小时的电视。时间不要集中在一起，避免孩子的眼睛长时间被刺激，受到损害。父母要注意，避免孩子吃饭时、睡觉前玩手机、看电视，不利于孩子的身体健康。

>>> 时间到了马上停止

父母要提前和孩子约定好,等到父母提醒他时间到了,必须马上放下手机、关上电视。父母可以给孩子买一个闹钟,定好时间,并且告诉孩子,闹钟响了就要关上电视或放下手机。

>>> 不按约定执行要受到处罚

如果孩子按照约定做事,父母给予奖励。如果孩子不按照约定做事,父母给予惩罚。在当孩子不配合时,父母要立即执行惩罚。即使孩子哭闹耍赖,父母也不可以心软。

和孩子的"约法三章",父母可以将其写出来,贴在明显的地方,让孩子能够经常看到。父母可以在纸上列举不遵守约定的惩罚有哪些,让孩子明确自己不遵守约定的后果。

电子产品是一把双刃剑,为了孩子的身心健康,父母一定要做好引导,教会孩子有计划、有选择使用的好习惯。

4. 做家务的规矩,必须早早立下

马蒂·罗兹曼教授研究发现:"三四岁就开始帮家里干家务的孩子,长大后会变得更加自信和自律,拥有更好的人际关系,也更容易在事业上做出成绩。"哈佛大学也曾做过研究,得出一个结论:喜欢做家务的孩子和不喜欢做家务的孩子,成年后就业率为 15∶1,犯罪率是 1∶10。

不会做家务的孩子,长大后想要有出息是非常难的。为什么这么说呢？因为衣来伸手饭来张口，从不做家务的孩子有很大的依赖性。遇到问题，首先想到的是退缩，依靠父母来解决，而不是自己想办法。相反，如果父母从小就鼓励孩子做一些力所能及的家务。比如，吃饭的时候，让孩子帮助摆碗筷；打扫卫生的时候，让孩子整理自己的玩具；做饭的时候，让孩子帮忙择菜……不断完成家务，不仅孩子的独立意识和动手能力会得到增强，自信心也能得到提升。即使以后遇到了困难，也会以自信的心态去尝试挑战。同时，帮父母做家务还可以让孩子体会父母做家务的辛苦，从而提升责任感。

此外，做家务也可以磨炼孩子的意志。对于初学的孩子而言，做家务并不容易。以扫地为例，想要打扫干净，并且没有灰尘扬起，孩子需要掌握好扫地力度，也许还需要搬开椅子，一开始不能立刻就做好。最后，当孩子克服困难，有始有终地把地打扫干净，这个过程本身就锻炼了他的意志。

做家务对于培养孩子的自信和独立能力有着深远的意义，但很多父母对此并不够重视。相对于学习成绩，他们觉得做家务根本不值一提。比如，有的妈妈会把"你只管学习，其他事不用你管。"挂在嘴边教育孩子。

父母不愿意孩子做家务当然还有其他原因。其中一个是，认为孩子的年龄还小，并不具备帮忙的能力，在帮忙的过程中很容易遇到危险，如被刀割破手、被热水烫到、被笤帚绊倒等。

还有一个原因是，认为孩子年龄还小，不会做家务，只会让自己陷入"越帮越忙"的困境。如本来地扫干净了，结果孩子帮忙却把垃圾桶打翻了，还得重新扫。于是，就会产生这样的心理：与其让孩子越帮越忙，不如自己赶紧忙完，然后陪孩子玩。这样做，虽然可以减少麻烦，但是也扼杀了孩子的积极性，慢慢地也就不愿意帮忙了。

但也有很多父母反映，我也给孩子安排了家务，但孩子根本不愿意做，怎么办？那么，如何制定做家务的规矩，孩子才乐于执行呢？

>>> **安排适合孩子年龄段的家务**

不同年龄的孩子，精细动作、认知程度、体力等都存在很大差异。若是家务太难，孩子无法完成，很容易打击他的积极性，勉强做一次，下一次恐怕就不愿意做了。不同年纪的孩子，适合做的家务如下：

1~2岁：在大人的提示下，做一些简单的事情，如将尿不湿、用过的纸巾等小垃圾扔到垃圾桶中。

2~3岁：这个年龄段理解力明显增强，可以帮大人拿东西，把玩具放到玩具箱、用自己的汤勺吃饭等。

3~4岁：可以独立洗手、独立使用马桶、简单刷牙、擦桌子、吃饭时帮忙摆放碗筷、用筷子吃饭、自己穿衣服等。

4~5岁：可以给花浇水、给垃圾桶套袋子、整理床铺、帮忙提东西、将衣服叠好放回衣柜等。

5~6岁：擦桌子、换床单、整理书柜、自己准备第二天上学的东西、帮忙做饭、用过的东西放回原处等。

>>> **设计"做家务"游戏**

为了让孩子爱上做家务，可以将"做家务"设计成一个趣味游戏，让孩子在快乐中锻炼自己。例如比赛择菜游戏，妈妈将蔬菜分为两堆，让孩子选择其中一堆，自己选择另一堆，看谁先把菜择好。比赛时，父母可以适当让着孩子，让他"赢得"比赛，从而提高做家务的热情。父母还可以设置角色扮演的游戏，让孩子假设自己是一个清洁员，自己将东西收纳整理后由父母进行检查，并发放相应的'薪资'鼓励。当枯燥的家务变身趣味游戏，自然更容易吸引孩子。

>>> **让孩子获得成就感**

很多时候，成就感可以让一个人持续做一件事情。父母在刚开始给孩子布置家务任务时，要选择简单且易于产生成果的。例如，收拾玩具、扫地、洗衣服等。当孩子看到玩具整整齐齐地在玩具箱中、地板、衣服变得干净了，就能从中获得满满的成就感，再加上受到爸爸妈妈的夸奖，就会喜欢上做家务。为了让孩子更容易地完成家务，父母要创造"做家务"的环境，例如，洗碗台太高，给孩子配备凳子等。

>>> **不要给予物质奖励**

有的父母会制定类似洗碗几元、拖地几元，或者帮忙打扫卫生买玩具等物质奖励的规则，其实这是不妥当的，很容易让孩子养成错误的金钱观，或者用做家务的方式讨好父母换取奖励。父母要让孩子认识到，做家务是所有家庭成员的义务，每个人都应该承担属于自己的一部分。

谨记安排孩子做家务，不宜过于繁多劳累，避免孩子产生畏惧和厌恶心理。只有给孩子充足的锻炼机会，让他获得足够的成就感，才能成为一个自信的人。

5. 引导孩子遵守公共场所的秩序

网曝某小学参观博物馆后，留下满地垃圾，一地狼藉，引来网上一片声讨。又到暑假出游季，出门前，父母一定要教孩子文明出行，遵守公共场所的礼仪。不过，在给孩子制定出行规矩前，父母先要来了解一下孩子为何一出门，就大呼小叫，跑来跑去地放飞自我，而很难老老实实地待着？

首先，爱动是孩子的天性。

爱动好玩是孩子的天性，尤其是平时在家里闷久了，好不容易有机会出来，自然容易忘乎所以，撒欢满地跑。也就是说，孩子随意乱跑，大声喧哗，只顾着自己玩，并没有意识到这些行为已经影响了别人。父母要主动告诉孩子公共场所保持安静的重要性，让他认识到自己的行为是错的。

其次，孩子感觉不被尊重。

当孩子在公共场所行为任性打闹、不听话，并且引人瞩目的时候，父母会觉得丢面子，继而会毫不留情地大声呵斥孩子。一方面孩子就像上面说的，根本没有意识到自己的错误，觉得委屈冤枉，自然不愿意配合改正错误。而且，当孩子正玩在兴头上，让他立刻调整行为，也是不容易的。另一方面，父母越是呵斥，孩子内心越是想要反抗，结果就是父母越说，孩子越闹。

根据不同的原因，我们再来制定对应的解决方案，让孩子主动做一个公共场所的文明小达人。

>>> **约定**

出门前，和孩子约定要去的地方能做什么，不能做什么，比如去动物园不能随便喂小动物食物，飞机上不能吵闹，任何景点都不可以乱涂乱画等，让他有一个心理准备。

约定时，要避免太强硬，可以和孩子一起查找需要注意的礼仪细节，或者曾经出现的一些不文明现象，跟孩子进行讨论。即便是3岁的孩子，在大人的引导下，也能认识到随地乱扔垃圾是不好的。和孩子一起分析、商量，更容易获得孩子的支持和认同。

>>> **演练**

如果孩子的年龄很小，对于父母讲的规则不那么容易理解，可以用演练的方式加深理解。演练的方式包括真人演练和虚拟扮演。比如，想告诉孩子在电影院不可以大声喧哗，那就关上灯，制造一个安静、幽暗的环境，让孩子假装在看电影，自己扮演一个吵吵闹闹、在座位上闹腾的人，让孩子对这个行为做出判断。这种真人演练，要求能制造出符合的场景，否则效果难免差强人意。

当真人演练无法进行，可以试试虚拟扮演。比如，模拟动物园。你可以模拟成猴子、大猩猩等动物，最好是孩子认识的，让孩子投喂自己。然后，自己假装吃了太多食物后，出现的肚子疼等症状。孩子自然能认识到，投喂是不对的。此外，也可以通过讲故事、看相关绘本，借助里面的角色行为构建出场景，让孩子判断对错，进而认识到哪些行为是违反规定的。

>>> 暗号

即便是很小的孩子，也要照顾他的自尊和面子，尤其是在公共场所。可以在出门前设置暗号，在孩子出现不良行为时，给予友善提醒。

暗号可以从孩子喜欢的动画片里选择，比如，孩子喜欢小猪佩奇，那就用"佩奇去哪儿了"来提醒孩子不要乱跑，用"佩奇只要一个气球"，来提醒孩子不能随意在景区哭闹买东西。也可以选用一个有趣的肢体动作作为提醒孩子的暗号，比如做出捂嘴巴的动作，来提醒孩子保持安静，不要说话。或者用站着环抱孩子的动作，来缓解孩子在排队时的不耐烦和焦虑情绪。

暗号就像一个游戏，切记不能生气时使用，那会破坏暗号的趣味性，同时也无法让孩子感受到被尊重。

>>> 保持一致

对孩子的要求要保持一致，不能因为游乐场人少，就允许孩子大吵大闹，人多才要求孩子保持安静。这样的双重标准，会让孩子对规则产生困惑和不解。

>>> **不怕年龄小**

公共场所的礼仪，永远不要觉得孩子年龄小不懂而不讲。从孩子1岁开始，出门就可以适当提点孩子。比如，去超市购物，刚会走路的小孩在货架前乱拿东西，或者坐在购物车里够货架上的东西，要及时制止。如果孩子想要吃东西，更要告诉他必须付了钱才能打开。当孩子从小就习惯了这些规定，大一点也不会违反。

没有孩子想要在公共场所故意和爸爸妈妈作对，如果是那样一定是自己的内心需求没有被看到。父母若能在理解和尊重孩子的基础上，去引导而非强制孩子遵守规则，相信孩子也愿意用礼貌的行为来回报父母。

6. 出门做客要遵守的规则

孩子有很多机会跟着父母去朋友、同事、亲戚家做客。在此之前，如果不想因为孩子乱翻、损坏别人物品等不礼貌的行为被指责，父母最好给孩子制定出门做客的规则，请孩子遵守。

有一次，丰子恺在一家菜馆里和一个朋友见面，同时带去了自己十多岁的孩子。吃饭的时候，孩子还比较礼貌，可是刚吃完饭，就嘟囔着说要回家。丰子恺不好大声制止，只低声劝阻孩子。

事后，丰子恺特意将走亲访友的礼仪告诉孩子，他表示无论是我们家请客，还是我们去别人家里做客，都应该对客人或主人表示尊敬。当你在亲朋好友家里串门时，吃完饭了，或是觉得不好玩了，就吵着要回家，这样会让主人误会你认为他招待不周。同时，你突然要回家，其他客人也会觉得尴尬。孩子听了父亲的教诲，都很懂事地点头。

父母一定要让孩子明白，无论是孩子跟随大人一起去做客，还是小朋友之间的相互往来，都必须保持良好的礼仪。那么，这些礼仪一般包括哪些呢？

>>> **提前预约**

告诉孩子如果打算拜访自己的同学，一定要提前预约恰当的时间。在交往中，如果没有预约而冒昧的拜访，是失礼的表现，很不受欢迎。

预约的时间和地点应以不影响对方休息为原则，尽量避免在吃饭、午休或者晚间10点钟以后登门。一般情况，上午9~10点钟，下午3~4点钟或晚上7~8点钟是最适宜的时间。拜访的地点可以是对方的家里，也可以是校园的某个角落或校外的某个公共场所。

让孩子用友好、商量或请求的语气预约，而不能用强求的口气要求对方。

>>> **注意仪表**

出门做客，应衣着得体而整洁，这是对别人起码的尊重。必要的话可以随身带上礼物，但应把握好送什么，怎么送等问题。如一束鲜花、一些水果、几本杂志、一瓶营养品均可。礼品不在贵重，表达的是一种尊重和礼貌。

>>> **准时到达**

做客要在预约的时间点准时到达，不宜太早或者迟到。如果太早，对方可能会因为没有准备好而慌乱。赴约不迟到更是最基本的交际礼仪之一，因为你的迟到不仅耽误了自己的时间，也影响了约会的正常进行，浪费了对方的时间。

通常情况下，赴约迟到的原因可能是你没有做好计划：也许你起得太晚，或者你预留给路途的时间太少，但有时原因可能是你根本不在乎迟到，如果真是这样的话，那么你就是在放任自己的无礼。也许对方并不会对你的迟到直接表示不满，但是下一次他约你的机会就会大大降低，因为在和你的约会中对方没有感到被尊重。

>>> **敲门技巧**

有的孩子到了客人家显得很激动，于是用力敲门。或者看门是虚掩着，就迫不及待推门而入，这都是不对的。

正确的做法是，来到客人家门前，先观察是否有门铃，如果有门铃，直接按门铃。按门铃也需讲究礼貌，慢慢地按一下，间隔一两秒再按一下。千万不要按着门铃不放手，"叮叮当当"乱按一气，这样有可能会按坏人家的门铃，还有可能令主人产生错觉，认为有什么紧急的事情发生了。

如果没有门铃，再敲门。成年人敲门一般用食指或者中指的中关节，轻轻敲三下门，敲门声音的响度要适中，你若敲得太重，容易引起别人的反感，你若敲得太轻了别人听不见。如果是孩子力度不够，可以用两到四根手指的中关节，但切记不可用拳捶、不能使劲拍打、不能用脚踢，不要"嘭嘭"乱敲一气，也不要不停地转动门的把手。敲完门之后，要给对方留下回应的时间，不要连续不停地敲。

>>> **打招呼问好**

在门开的那一刻，应主动热情地和对方问候和寒暄。首先要恰当地称呼对方，爷爷、奶奶、叔叔、阿姨，逐一打招呼并问好。如果对方还有其他客人，也应该礼貌地和客人打招呼。

>>> **换鞋脱帽**

进门前一定要询问是否需要换鞋，把别人的地板弄脏是很不礼貌的。如需换鞋，也要注意把换下的鞋整齐地摆放好，而不能随意用脚一拨。同时，要把自己脱掉的帽子、墨镜、手套和外套等放在主人指定的位置。

>>> **不要太随便**

进门后，在主人没有招呼你坐下时，不要随便坐下。如果主人是长辈，主人未坐下前，你最好不要坐下。当主人招呼你坐下时，要表达感谢，然后规规矩矩地坐下来。

坐下后，不要随便乱动，不要东张西望，不要随便动桌上的东西。当主人献上甜美的果品时，你不要急着在果盘里寻找自己想吃的食品，而要等长辈或其他客人先动手，然后你再取用。即使你在很熟悉的同学、朋友、亲人家里，也不要过于随便。

>>> **探望病人要为对方着想**

如果是探望病人，应该设身处地想一想，病人需要安静，所以不要嘻嘻哈哈，大呼小叫，呼朋唤友，把病房当作你的游乐场。也不要在病人旁边蹦蹦跳跳，或倚在病床上，免得碰到病人。进入病房应尽快坐下来，让躺着的病人不用仰望着访客。探望时间一般以 10~30 分钟为宜，不宜超时，以免打扰病人休息。

>>> **表达感谢**

在别人给自己递水果，或者夹菜时，教孩子表示感谢。离开时，让孩子逐一向对方的家人道别，并对他们的招待表示感谢。同时，友好地邀请他们找个合适的时间去自己家做客。

遵守以上规则，相信孩子会因为彬彬有礼，而收到众人的好评和赞扬。

7. 必须给孩子制定的礼貌规矩

有人说："礼貌不用花钱，却能赢得一切。"礼貌的本质是表达一种敬意和友好，是一个人道德修养的体现，是言行从内到外的自然流露，而不是一种技术。懂礼貌的孩子即使不是最出众的，但一定是最受欢迎的。

中国有句古话："养不教，父之过。"明明不讲礼貌，根源却不在他，而是父母在日常生活中没有教育他要懂礼貌。教育孩子无小事，如果你发现孩子不懂礼貌，千万不要认为没关系。只有让孩子从小将礼貌的意识印在脑海里，他才会逐渐形成礼貌的行为举止。

丰子恺一直非常重视对儿子丰陈宝的礼貌教育。他告诉陈宝，家里来客人了，应该为客人端茶、盛饭，而且还要双手奉上，这样表示恭敬。他还打了一个风趣的比方："如果只用一只手端茶送饭，就好像是皇上赏赐臣子，或是向对待乞丐一样，或是像是父母给孩子水喝、给孩子饭吃。这是非常不礼貌的举止。"

丰子恺还教育陈宝说："如果客人送给你礼物，一定要起身并伸出双手去接，并说谢谢。"

德国诗人歌德说过："一个人的礼貌就是一面照出他肖像的镜子。"礼貌表面上是一个人外在行为的表现，实际上一个人内心修养的反映。懂礼貌就意味着尊重他人，展现出的是诚意和亲和力，给人的感觉是值得交往和信赖的，这是与人交往、相处不可缺少的素质。在孩子刚刚会摆摆手表达再见的时候，就可以培养孩子有礼貌的意识了。当孩子会说话后，礼貌教育可以从以下两个方面进行。

>>> **学会并擅用礼貌用语**

常用的礼貌用语有"谢谢你""对不起"和"请"，一般3岁多的孩子，就会说这些礼貌用语了，甚至会握手表达友好。

平时，父母要教孩子，无论别人给予你的帮助多么微不足道,都应该诚恳地说声"谢谢"。哪怕是在超市里买东西,当收银员阿姨帮你把东西装进塑料袋时,也应该真诚地说声"谢谢"。而对待别人的道谢,要客气地回应"没什么,别客气""我很乐意帮忙""应该的"等。

学会道歉也是孩子应该掌握的一项技能。如果孩子不小心碰到别人,要让孩子自己去说对不起,而不是父母包办代替。如果孩子太小,还不会表达,父母在代替说对不起后,也要让孩子明白自己刚才做错了,应该道歉。

在需要别人帮忙的时候,一定要让孩子说"请",比如,"请问","请等一下"。即便是在家里,也要使用礼貌地表达,不能允许孩子用命令的口气和爸爸妈妈或者其他人说话。"请"字有时也可以用"麻烦你"来代替,作用差不多。

这些礼貌用语,几乎每天都会用到,父母要抓住每个时机,给孩子表达的机会。让这些表达能够融入孩子的血液中,礼在心中,自然能仪化于外。

>>> 主动与认识的人打招呼

很多孩子看到老师后装作没看见,或是干脆躲开,而不是主动上前和老师打个招呼;见到同伴的父母送小朋友上幼儿园,也不搭理,只顾自己一个人玩。孩子从外面回来,旁若无人地冲进厨房,对爷爷、奶奶也不问好,家里来了客人,孩子也不主动向对方打招呼……

很多孩子没有打招呼的习惯,父母认为孩子还小,不太在意。其实父母如果不纠正孩子的不礼貌行为，孩子就会形成不好的习惯。

如果孩子天生比较胆小，那就让孩子从和家人打招呼开始。比如孩子回家，先主动打招呼，引导孩子和自己打招呼。或者直接告诉大一点的孩子，回家时应该主动地跟家人打招呼，如"妈妈，我回来了。""爸爸回来啦！"当孩子在家养成了与人打招呼的习惯，再引导孩子和平时熟悉的人打招呼，就容易多了。

日常生活中，有些父母很注重培养孩子的礼貌行为，却没注意好教育方式。

在罗伯特6岁的生日晚会上，舅舅送给他一件礼物。当他满心好奇，用力地挤压盒子，想看清楚包装盒里到底是什么礼物时，妈妈当着众人的面粗鲁地呵斥道："罗伯特，马上给我住手！请问当你收到礼物时，首先要说什么？"

罗伯特既生气又难堪地说："谢谢！"

妈妈这才转怒为喜说："这才是乖孩子。"

教育孩子懂礼貌，大可不必像这位妈妈那样，她完全可以在晚会结束后私下跟孩子沟通，那会比直接训斥的效果要好得多。

要求孩子讲礼貌是对的，但是父母不要用粗鲁的方式。否则，不但给孩子树立了反面教材，而且会深深地伤害孩子的自尊。

别认为孩子还小，不懂礼貌没关系。父母要在日常生活中以身作则，合理引导，才能把孩子培养成讲文明懂礼貌的人。

第三章

一定要给孩子制定的安全规则

1. 遵守交通规则的意识，要从小培养

2020年11月13日，贵州教育厅发布了一个令人惊心的视频。一个3岁的小女孩在车水马龙的道路上穿梭、奔跑，一共来回跑了10趟，前9趟，她避开了电动车、摩托车，小轿车。第10趟，她撞上了一辆白色越野车，万幸的是，仅仅导致双脚趾骨骨折，没有生命危险。

据统计，我国每年因交通事故造成的死亡人数超过10万人。其中，每个10个死者中就有一个是儿童。交通意外，已经成为我国儿童意外死亡的"第一杀手"。而导致这一结果的，大约有一半是儿童自身的违法行为造成的。比如，有孩子突然出现在机动车道上，过马路不走人行横道，或从车前或车后突然窜出……

孩子因为年龄小，不懂违反交通规则的危险性，缺乏自我保护的能力，作为孩子的监护人，父母一定要在平时对孩子进行交通安全教育。

>>> **告诉孩子行走规则**

为了儿童的安全着想，父母多半会在过马路的时候牵着孩

子的手，但顶多也就是这样，不会再多做解释。无心的孩子，只是被动的被牵着，而不会主动思考为什么要这样，甚至不会注意到交通标志，不会发现走的是斑马线。所以，父母的告知很重要。

一般在孩子 2 岁的时候，就可以在过马路的时候，告诉孩子红灯必须停下来等一等，再大一点可以告诉孩子，为什么要停下来等。顺便，还可以教孩子实地认识一下交通标志。同时，还要给孩子普及马路上不可以做的事。比如，过马路要走直线；一定选择天桥、地下通道和人行道过马路；不可翻越道路中央的安全护栏和隔离墩；如果马路对面有朋友、熟人呼唤，绝不能心急不管不顾冲过马路；在信号灯将要变更时，绝对不要抢行，应等待下一个红色信号亮时再前行；不满 12 岁的孩子，不可以骑车上路。

>>> **教孩子不受错误指引**

在一组名字叫《爸爸说》的漫画里，爸爸和孩子之前有一段对话。

孩子："爸爸，为什么很多人不等红灯变成绿灯再走呢？"

爸爸："可能他们有急事吧？"

孩子："那我们也急着去上学啊，为什么要等绿灯了才走呢？"

爸爸："那我问你，交通规则是不是规定绿灯亮了才能走呢？"

孩子："是啊。"

爸爸："坚持对的事，不受错误的引诱，这叫自尊。"

>>> **交通事故应对**

平时父母要教孩子记住一些常用的急救电话，122是公安交通管理机关为受理交通事故的报警电话。一旦遇到交通事故，要迅速记下肇事车辆车牌号、车型、颜色等特征，然后再打122电话向警察求助。在向122报警时，一定要言简意赅，在最短的时间里说清主要发生的情况。其中包含，地点，发生了什么事情，报警人姓名和联系电话。

2. 乘坐电梯，要让孩子知道的安全常识

电梯已经成为我们生活中不可或缺的工具，但它在给我们带来便利的同时，也存在着巨大的安全隐患。截至2020年年底，我国电梯有780多万部，屡屡发生的事故让人触目惊心。

一名男孩独自乘坐电梯时，向着电梯的控制板撒尿，结果电梯出现故障，自己被困。

一名9岁男孩，在电梯里蹦跳、转圈，用手猛推电梯门，导致电梯停止运行。男孩受惊，多次用脚踹电梯，用手掰开电梯门，甚至把脚伸进电梯和墙的缝隙试探。

……

上学、放学、上课外班、逛商场、外出就餐，孩子出门的机会不断增加，乘坐电梯的次数也随之增加。即便是一路陪伴，也无法完全保证孩子的安全。不管是电梯自身的问题，还是人为导

致的故障，都只有教给足够的乘坐电梯的安全规则，才能防止和减少意外发生，将危险降到最低。

电梯分为直梯和扶梯，我们先来看看乘坐直梯的安全规则：

>>> 乘坐直梯的安全规则

由于电梯事故无法预知，尤其是一些老旧又失修的电梯，乘坐时，一定要教孩子遵守以下规则。

1. 候梯时，让孩子恰当选择"上升"或"下降"呼梯按钮，并靠边站立，以方便乘客走出电梯。

2. 当进入轿厢时要看一下电梯是否在平层位置。

3. 无论是进电梯还是出电梯，一定要等电梯停稳，再进出。

4. 开门之际，不要触摸厅、轿门，以免夹手。

5. 不要倚靠电梯门，应远离电梯门的位置。因为在电梯运行时，电梯门与井道相连，相对速度非常快。万一电梯门失灵，在门附近的乘客会相当危险。

6. 进电梯时一定要检查，书包带、衣服上的装饰品、宠物绳、鞋带、裙子的裙摆等，防止被电梯门夹住。不要对电梯使用粗暴行为，如用脚踹电梯门、轿厢四壁，或用工具击打，也不要强行用手去扒电梯门。

7. 不要在电梯内蹦跳、打闹。对于3岁以下的孩子，最好由父母抱着，防止随意走动、乱摸。

8. 不要用身体、手、脚或者身体的任何部位，阻止电梯门闭合。需要等人，直接进入电梯，按着开门按钮。如果孩子个矮不易操作，那宁可在电梯外再等一会儿，也不能整个人站在电梯两门之间，这是非常危险的动作。

9.不要允许孩子把手放在电梯和门柱之间的缝隙，因为随着电梯门打开，孩子的手就会被拉进电梯和门柱的夹缝中。

万一遇到电梯故障，停止或急坠，一定要教孩子冷静，正确应对，而不是大喊大叫，乱踢乱踹。告诉孩子以下几种应对措施。

1.从底部向上，按亮所有楼层的按键。

2.选择一个不靠门的角落，把自己的整个背部和头部紧贴在电梯内墙呈直线状。如果电梯内有手把，一定要用一只手紧握手把。

3.利用电梯内的警铃、对讲机、手机求援。

4.如果没有信号，报警无效，可以通过拍门叫喊等，请求救援。

5.千万不要强行扒开电梯内门，更不要在没有专业的救援人员在场时，自行爬出电梯。

这些乘坐直梯的规则和自救的方法，一定要让孩子牢记于心，防止意外发生。

>>> **乘坐扶梯的安全规则**

扶梯多安置在商场、地铁、机场，使用场景比较开放，发生的安全事故也不少。

东莞一名2岁男孩独自攀爬商场扶梯，结果意外坠落身亡。

3岁小孩在商场扶梯，脚被卡住，使得4根脚趾骨折。

贵州凯里一幼童独自在商场扶梯旁玩耍，突然被扶梯扶手带倒，卷入扶梯和墙壁之间的缝隙。

还有一位妈妈抱着孩子，在乘坐扶梯时候，孩子突然从手中脱落，坠亡。

除了父母自身要增强乘坐扶梯的安全意识，也要教孩子如何安全使用扶梯。

1. 仔细检查，确保衣服、饰物，以及鞋子不会被卷入或者卡住。比如裙摆、挂饰过长，鞋带松散，洞洞鞋太软等。

2. 让孩子稳稳站在梯级中间，不可踩踏黄色安全警示线，以及两个台阶相连的部位。

3. 让孩子的脚与梯级、围裙板之间的毛刷之间保持距离。

4. 绝对不可以让孩子乘坐电梯争先恐后，在扶梯上蹦跳、逆行，或者攀爬、打闹、捡东西，甚至将头和四肢伸出扶梯区域等。

5. 乘坐扶梯结束后，不要在出口旁逗留，应立即远离扶梯。

此外，父母也要加强自身的安全防范意识，比如不要在扶梯上推婴儿车、童车，也不要把孩子放在购物车内乘坐扶梯，不要允许幼小的孩子独自乘坐。

一旦发生意外，要呼叫求救，让人帮忙按下扶梯进口处接近地面的红色紧急制动按钮，让扶梯停止运行。

不要因为自己没有碰到过电梯意外而放松警惕，任何意外的到来都不会提前告知。一定要提高安全意识，时刻绷紧"安全弦"，教孩子正确乘坐电梯！

3. 户外游戏的安全，这样教孩子

很多父母在自己的孩子外出玩耍时，尤其是很多隔代抚养者，由于害怕孩子户外游戏时受伤，总是紧紧地跟在后面，不停地嘱咐说"跑慢点，小心摔倒""不要爬那么高，小心摔下来"之类的话。甚至为了避免孩子出现磕碰，严禁孩子进行如轮滑、足球等磕碰概率较高的活动。

任何可能有危险的动作，都不许孩子做，尽力扮演保护者的角色，恰恰是对孩子能力的不信任。这种"不信任"带来的过度保护，比如不让孩子乱爬、乱摸，会让处于探索期的孩子失去动脑和动手的机会，变得胆小，不敢尝试。

正确的做法是，教孩子学会在游戏中保护自己，让孩子在享受游戏乐趣的同时，也拥有保护自己不受伤的能力。下面，我们来看一些常见的游戏的安全玩法。

>>> **荡秋千的安全常识**

荡秋千对孩子有很大的吸引力，但也有很大的安全隐患。比如有孩子一头从正在摇摆的秋千上栽下来，导致头部受伤。比较小的孩子荡秋千，要有监护人在旁边守护，并且从小就告知他一些荡秋千必须遵守的规则。

1. 必须等秋千停稳，再下来。

2. 不可以一边荡秋千，一边挥手喊叫，防止身体失衡摔落。

3. 不要因为急着想玩就靠秋千太近，防止被碰伤。等待一定要站在秋千的侧面，而不是站在前后方。

4. 不可以在雨中荡秋千。雨大湿滑，很容易从秋千上滑落。

>>> **玩滑梯的安全常识**

看起来很安全的滑梯游戏，也潜藏着很多危险。父母一定要教孩子正确的滑梯玩法，以防发生意外。

1. 必须排队，一个个有序滑下，一定不要争抢。

2. 要等前一个小朋友完全到达底部，且走出你可能碰到他的危险地带后才能滑下去。

3. 滑的过程中腿一定要伸直，不要踢到滑梯两侧，万一腿被卡住，后果不堪设想。

4. 不要从滑梯的底部向上攀爬，避免万一手没抓稳摔了下来，同时也避免和上面的滑下来的小朋友相撞。

>>> **游泳的安全常识**

每年都会发生多起青少年溺水死亡事件，父母如果能从小就给孩子灌输正确的安全游泳常识，就能大大降低溺水风险。

1. 禁止擅自去野外的河流、湖泊、池塘游泳，哪怕有不少人在游。

2. 禁止在没人的时候下水游泳，哪怕是在平时安全的游泳地方。

3. 不要因为逞能，和同学之间互相攀比而游向深水区。

4. 避免在饥饿、疲劳时游泳，游泳时一定要根据自己的年龄、体质状况、体力大小等决定每次游泳的时间。

5. 下水前要做热身运动，如果游泳的地方水温比较低，下水前可在池边或岸边先用凉水把四肢及胸腹背部擦湿，以便逐渐适应水中温度。

6. 如果是小腿或脚趾抽筋，可使身体成仰卧姿势，用抽筋小腿对侧的手，握住抽筋腿的脚趾用力向上拉。同时，用同侧的手掌压在抽筋小腿的膝盖上，帮助小腿伸直。另一手划水，帮助身体上浮，这样连续多次即可恢复正常。

7. 如果是大腿抽筋，要弯曲抽筋的大腿与身体成直角，然后用手抱着小腿，用力使它贴在大腿上并做振颤动作，随即向前伸直。如果是腹部（胃部）处抽筋，应弯曲下肢靠近腹部，用手抱膝，随即向前伸直。

8. 如果两手抽筋，应迅速握紧拳头，再用力伸直，反复多次，直至复原。手指抽筋应将手握成拳头，然后用力张开，张开后，又迅速握拳，如此反复数次，至解脱为止。

抽过筋后，最好改用别的游泳姿势游回岸边。如果不得不仍用同一游泳姿势时，就要避免再次抽筋。

4. 遭遇校园霸凌，教孩子正确应对

在电影《少年的你》中，周冬雨扮演的即将参加高考的陈念，给不堪校园霸凌而跳楼的胡晓蝶蒙上一件衣服，因而成为霸凌者们的新目标，被嘲弄、拍裸照、剪头发，各种凌辱不断。陈念最初选择了隐忍，但这没有让霸凌者们收手，反而变本加厉。后来，当陈念勇敢站出来选择报警，得到的又是疯狂的报复……直到易烊千玺扮演的小北出现……

《少年的你》中演绎的霸凌者们的恶，观后让人感觉心底发凉。其实，校园霸凌事件几乎每天都在校园里上演。比如，前几年曾闹得沸沸扬扬的，某小学四年级学生把厕所的垃圾篓扣在另一个孩子头上，用过的厕纸洒了孩子一身。

面对霸凌，大多数人都像最初的陈念，和他的同学们一样，选择了沉默，选择了逃避，

或者敢怒不敢言，这让霸凌者愈加张狂，让被霸凌者越发无助。校园从不曾是我们想象中的净土，同样生着成年人世界里的邪恶与阴暗，恃强凌弱的少年恶霸一直都不少。

有人以为校园霸凌多发生在初高中阶段，事实是，霸凌事件在小学也屡见不鲜。比如，2019 年，某小学 7 岁小女孩，眼睛里多次被塞纸片，多达几十张！孩子的恶令人触目惊心。这也给父母们敲响了警钟，只要有适合的条件，霸凌就如同幽灵会出现在

任何一个校园，任何一个年龄段的孩子身上。

在老师看不到的角落，在父母忽视的地方，无数孩子深受霸凌的伤害，他们不敢反抗，不敢求助，一个人默默忍受，苦苦挣扎。幸运的孩子，尽管最终逃离了霸凌的魔爪，但却带着满身的伤。有研究显示，曾经遭受过霸凌的孩子，承受的不只是身体上的痛，还有心理上的痛。久而久之，他们会变得自卑、敏感、脆弱、没有安全感。而不幸的孩子，因为不堪忍受，常会选择自杀为霸凌划上一个悲伤的句号。

霸凌不仅包括肢体和语言上的攻击，还包括人际交往中的排挤、抗拒等，每个孩子都有可能是受害者。孩子的成长只有一次，不要让欺凌成为孩子一生的噩梦。那么，我们应该如何教孩子保护自己，不受霸凌者欺负？

>>> **判断孩子是否被霸凌**

一旦孩子被欺负，就会在情绪上有所显露，比如郁郁寡欢、兴致不高、抵触上学等。一旦发现孩子的情绪不对，不要认为是小事而忽视，也不要过于紧张，或者大张旗鼓地询问，如"谁欺负了你，告诉爸爸。"如果孩子遭遇了威胁和恐吓，多半是不敢说出来的。可以旁敲侧击地问问，"今天有没有发生不愉快的事？""有没有特别讨厌的人？"或者"课间时间最喜欢和谁一起玩？"注意观察孩子回答时的情绪变化，再做出判断。

此外，还可以从身体无故带有伤痕、个人物品常常丢失、要钱的理由次数增多、尽量憋着回家才上厕所、失眠或做噩梦等异常行为来辨别孩子是否正在遭受霸凌。

>>> 应避免的错误行为

一旦发现孩子被霸凌,父母肯定情绪激动,容易做出一些错误的反应。比如曾有一个 3 岁的小男孩,因为被同学欺负,他的妈妈抓着儿子手要他"打回去"。这一做法引发了父母们的热议,一部分人支持被打男孩的妈妈,也有一部人认为孩子之间的矛盾,大人不应该插手。

教孩子奋力还击,懂得反抗,看起来是出了一口恶气,但并不利于解决问题,还会让孩子再次体验霸凌,加深心理创伤。我们要记住,我们的目的不是报复,而是防止霸凌再次出现。

除了鼓励孩子以暴制暴的做法不妥当,斥责孩子无用的行为也要避免。比如,有的父母一听孩子被欺负了,就怒其不争,不问青红皂白就批评孩子"你怎么那么懦弱""班里那么多同学,他们怎么光欺负你?"这只会让孩子更加自卑,使孩子更加忍气吞声,不敢求助。当孩子被欺负,要先给孩子关心和支持,让孩子明白遭受霸凌不是自己的错,而是对方的问题。

>>> 教孩子理智应对,安全脱身

任何时候,教孩子保护自己,将安全放在第一位。如果霸凌发生在教室等有人,或者距离人群较近的地方,要告诉孩子,不要害怕,要学会说"不行""不要打人""不许你欺负我"等对抗的言语,让对方知道自己的愤怒。欺凌弱小者表面上看起来很强大,其实他们心里也害怕,怕事情败露,怕受到批评。教孩子不

卑不亢大声反抗，可以对霸凌者起到震慑作用。

如果霸凌发生在人少或者比较偏僻的地方，要教孩子控制自己，不要逞强斗狠激怒对方，最好顺着对方，巧妙示弱，寻找机会发出求救信号或者逃跑。比如，让孩子和对方说"爸爸已经来接自己放学，就在附近""哥哥等会来接自己一起回家"之类的话，以吓退对方。

安全脱身后，不要心存侥幸，要及时向老师、父母说明情况，及时求助，防止再次被霸凌。

如果是看到同学被霸凌，见义勇为要有技巧。如果欺负发生在偏僻处，自己的力量明显不够和对方抗衡，不要脑门一热，冲上去制止，应赶紧离开现场报警，就近找成年人求助，以解救被霸凌者。

校园霸凌现象一直都在，父母也不可能一直在孩子身边，所以一定要教孩子用智慧巧妙应对，保护好自己的人身财产安全。

5. 陌生人很危险，教孩子保护自己

2019年，9岁的章子欣，被一对夫妇以去上海当花童的名义带走，失联，最后被发现在东钱湖溺亡。网友悲叹章子欣的爷爷奶奶太好骗，怎么能轻易把孙女交给陌生人？的确，多数时候，孩子被陌生人伤害，多半都是因为父母或者监护人对陌生人缺乏安全防范意识，同时也没有给孩子这方面的教育。

孩子被拐、被抢、被骗、被害、被杀的新闻事件时有发生，没有什么能比教孩子保护好自己更重要了。这个世界从来不只有阳光普照，也有藏污纳垢的阴暗角落。卡尔·威特说："那些只给孩子展示社会阳光部分的做法，是对孩子的极大伤害。让孩子认清一些人的真面目，不轻信他人的漂亮话儿，既是对孩子的一种保护，也是培养孩子智慧的一种手段。一个真正聪明的孩子不仅在于掌握了多少知识，更在于是否拥有明智是非的能力。"

虽然不一定是所有的陌生人都心怀叵测，但远离陌生人的确能帮孩子远离很多危险。

>>> **警惕陌生人的热情搭讪**

面对陌生人的搭讪，一定要教孩子保持警惕，不要靠近。比如，当陌生人让你看某样东西，或者是让你指路时，不要与对方靠得过近，而要保持距离。如果对方向你走来，你也要反方向的拉开安全的距离，并做好逃跑、呼救的准备。

现在很多心怀不轨的人把自己伪装得很好，比如一些小孩或妇女，假装自己迷路了，需要你带路什么的，看着很可怜。这时，绝不能让孩子同情心泛滥，直接拒绝赶紧远离，不好奇、不热情，如果对方坚持就直接呼救或者报警。让孩子记住，一个心智成熟的大人是不会向一个孩子求助的，他有困难大可以求助于别的成年人或者警察，而不是一个孩子。

>>> **不要相信陌生人说你亲人出事了**

虽然对于年龄较小的孩子，父母都会每天接送，即便是这样,也难免会被不法分子钻了空子。一定要教孩子识别坏人的企图,教孩子不要相信不认识的人说的任何话,比如"今晚你爸爸加班,不能来接你,让我先带你去吃晚饭!""我是你妈妈的同事,你爸爸妈妈今天都到我家去吃饭,现在他们都在我家等你呢!""你爸爸被汽车撞了,你妈妈在医院里正忙呢,让我来接你去医院。"

听到这些话,让孩子开动脑筋仔细分析:"家里人为什么不自己和我说呢?这个不认识的人为什么会这样热情?"如果对方说是你爸妈的同事,你可以让他打你父母的电话让自己听,如果他又找借口推脱,那就可以肯定他不是好人。

如果被陌生人喊出名字,也不要让孩子轻易相信,那可能是他看到了绣在衣服上的名字或学生卡上的名字,跟踪时听到有人这么称呼过。还有的犯罪分子自称是消防人员,编造出你家房子着火的紧急情况等。

哄骗孩子的招数五花八门,一定要教孩子,如果自己事先没有亲自交代,对陌生人的任何"好意"都应坚决表示拒绝。如果遭遇陌生强行拖拽、纠缠,立即朝人多的地方跑,想办法大声求救、报警。

>>> 被陌生人劫持、绑架要智取

劫持、绑架在治安较好的城市,也许不那么容易发生,但不代表着永远不会发生。父母有必要教孩子智慧应对。

一旦被绑,要教孩子凡事顺从,采取低姿态,以降低对方的

戒心。不要以言语或动作刺激对方，也不要表露出认知绑匪身份或容貌的言行，一旦他们担心身份可能保留，很可能加害于孩子。

如周遭有人，教孩子乘机呼救引人注意，呼救的时候，只喊救命提供的信息太少，可对着一个固定的对象喊，如："叔叔，救救我，有人想绑架我！"这样能激发起被求救者的责任感。

教孩子在被劫持的过程中，观察路线，尽力记住一些标志性建筑。如果眼睛被蒙上，可用耳朵听，用身体感受车子的行进方向。途中伺机留下求救讯号，如书包、课本、发卡等带有个人信息的物品。如果有逃脱的机会，教孩子在稳妥谨慎的前提下，积极逃脱。但这些机会通常瞬间即逝，因此，在没有充分把握的情况下，不可急躁行动。

>>> 在家里和盗贼相遇不要喊、跑

家中失窃的事情也常有发生，父母除了平时要关好门窗，做好安全防范，还要教给孩子一些安全常识。万一孩子在家中和盗贼碰了个正面，教孩子不要硬拼。

实际上，多数盗贼只是想盗取钱财，并不想与人发生面对面的拼搏。当他们遇见家中的人后，哪怕是孩子，也会心中一惊，但此时他们绝对不会仓皇逃跑，因为仓皇逃跑可能引起呼喊"捉贼"，而使自己处于被群众围追堵截的危险境地。

这种情况，一定要教孩子机智应对，不要害怕，不要慌乱，也不要试图跑出门大喊捉贼，那很可能让盗贼狗急跳墙加害于自

己。可以教孩子装傻，问他是不是父母的同事，或是问他是不是搬家公司的，然后可以进厨房假装拿东西招待他，趁机想办法和外界取得联系。或者对盗贼行为表示理解和同情，降低对方伤害自己的风险。

当盗贼问自己家中的钱财藏在什么地方时，可以说爸爸妈妈放的，自己不清楚。但要适当交出一些财物，免得盗贼什么都没找到，一怒之下泄愤于自己。

6. 各种突发灾难，教孩子学会自救

在突发的灾难面前，生命无比脆弱。这时候，冷静和平时习得的急救知识就是保命的法宝。所以，父母一定在平时就教孩子一些应对突发灾难的方法和技巧，确保万一出事，孩子仍然有逃生的能力。

>>> **高楼火灾逃生**

2020年9月16日，一小区居民楼的3层着火，3个小朋友被困。仅9岁的姐姐带着妹妹和弟弟，在火灾中机智逃生，堪称教科书式自救。

火灾发生，不仅仅火苗会对人体造成伤害，其中被燃烧释放出的毒烟毒死的人数，远比直接烧伤致死的人要多出许多。所以，父母要教孩子学习和掌握家中失火时，如何正确避险和逃生。

1. 拨打119，告知火情和地点。

2. 开门逃生前摸下门把手是否已经发烫，也可以从猫眼或门下缝隙中往外观察。如果外面的情况比屋里还严重，不要急于开门。可躲到卫生间，打开水龙头，将水流开到最大，有窗户打开窗户，等待救援。

3. 如果没有出去的可能，最好直接躲进不是着火点的家里，关闭房门和所有门窗，防止空气对流，以延迟火焰蔓延的速度。最好用一些布条等堵住门窗的缝隙，或者可以用水浇在门窗上降低它的温度，等待救援。

4. 如果能逃出大门，千万不要乘坐电梯，而要从楼梯下楼逃生。如果着火点在楼下，最好不要冒险，考虑往上层逃生，最好到楼顶天台。

5. 如果在向下逃生时，在某一层发现了明火，最好用衣物等挡在身前或披在头上，防止头发被烧着。万一身上的衣物被引燃，可以用外衣拍打灭火或就地打滚尽快灭火。

6. 在逃生的过程中，要用湿毛巾或者口罩捂住口鼻，防止烟气中毒。

>>> **地震自保**

大家都记得5·12汶川地震，其惨烈程度至今仍让人心有余悸，但谁也无法阻止它的来临。我们能做的，就是教给孩子自保法则。

1. 如果住的是在房里，就要赶快躲到书桌、工作台下，或房间的卫生间、墙角，依靠上下水管道和煤气管道的支撑，这样可以减少伤亡。

2. 如果住的是平房，地震时可以头顶被子、枕头或安全帽逃出户外；若来不及，就躲在墙角，要远离窗户；趴下时，最好头靠墙，使鼻子上方双眼之间凹部枕在横着的双臂上面，闭上眼和嘴，鼻子呼吸。

3. 如果发生地震时，你正处于学校、超市、影剧院等人群聚集的场所人，要立即躲在课桌、椅子或坚固物品下面，并注意避开房顶的吊灯、电扇等悬挂物，并注意保护头部，等待地震过后，再有序撤离。

4. 如果当时正处在商场、书店、展览馆等处，最好躲在结实的柜台、商品（如低矮家具等）或柱子边，或者在墙角处就地蹲下，要注意避开玻璃门窗和玻璃橱窗，并保护好自己的头部。

5. 如在在街道上遇到地震，先用手护住头部，然后迅速远离楼房，跑到街心一带；或躲到高楼的门口处，以防碎片掉下来砸伤；如果当时你处于郊外，要注意远离山崖、陡坡、河岸及高压线等。

6. 如果是在山坡上感到地震，千万不要跟着滚石往山下跑，而应该躲在山坡上隆起的小山包背后。同时要注意离开陡崖峭壁，防止它突然崩塌、滑坡或发生泥石流。

7. 注意，在地震时，门框可能会因为变形而打不开，所以最好不要关门。

>>> **雷电天气安全防范**

一名女高中生在下雨时跑到树下躲雨。这时,她的手机铃声响起。当她拿出手机接听电话时,突然一道闪电划过,拿着电话的女孩瞬间被击倒在地。国家气象局统计后发现,我国每年有将近1000人遭雷击死亡。即便没有被雷电直接击中,如果人体距离雷击点很近时,一部分雷电电流也可以进入人体,给身体带来伤害。那么,如何教孩子防范雷击带来的伤害呢?

1. 雷电天气,不能停留在楼(屋)顶。因为建筑物的顶部一般都制有电线之类的物品,如果不小心接触到,很可能会触电。

2. 关闭门窗。尤其是对钢筋水泥框架结构的建筑物来说,关闭门窗,可以有效地预防雷电的侵入。

3. 在雷电天气时,不宜接近建筑物的水管、暖气管、煤气管等裸露金属物。

4. 如果在雷电天气条件下,正好在建筑物外面时,不可以躲在大树下,不在空旷的地方打雨伞等金属物体,不靠近高压变电室、高压电线和烟囱、电杆、旗杆等。

在多雨季节出门时,最好让孩子携带塑料雨衣、木柄或塑料柄雨伞等非金属的防雨用具。

>>> **泥石流滑坡安全逃生**

网络、新闻上经常会看到关于泥石流、滑坡事故的报道,对于长期居于城市的孩子来说好像很远,其实不然。现在很多孩子都会随着父母出游，在很多出于山区的旅游景点，都是泥石流滑坡的多发地。外出时，万一遇到泥石流、滑坡，不要慌，谨记以下逃生策略。

1. 要朝着与泥石流、滑坡垂直的方向跑，不要顺着滑坡的方向跑。

2. 跑不出去，或者无法继续逃离时，要迅速抱住身边的树木等固定物体。

3. 泥石流、滑坡停止后，不能立即返回。一般情况下，泥石流、滑坡都会连续发生，如果贸然返回的话，我们就可能会遭到第二次滑坡的侵害。

突发性灾难还有很多，如飞机失事、洪水风暴、车祸等，孩子在危急时刻能否安全脱险，都赖于父母是否在平时教给了孩子正确的自救方法。

第四章

让孩子自觉学习，规矩很重要

1. 作业必须自己独立完成

让孩子独立完成作业，在大多数父母眼中是个几乎不可能完成的任务。很多孩子们做作业时都需要爸爸妈妈陪在身边，一旦爸爸妈妈离开一会儿，孩子就会走神或者偷偷打游戏。还有些孩子一遇到问题，首先想到的就是向爸爸妈妈求助，而不是自己思考。

那么，到底是什么导致了只有在爸爸妈妈陪在身边，孩子才能完成作业？

其实，孩子不能独立完成作业，和父母的介入过多有很大关系。比如，很多父母喜欢时刻关注着孩子的学习情况，看到孩子用功就忍不不住表达关心，送些零食饮料，去分散孩子的注意力；有的父母很在意孩子的学习，时刻盯着孩子做作业，一有不对就出言提醒，帮着讲题，帮着对答案。

这种费心费力的陪伴孩子写作业的结果，通常是父母身心俱疲，甚至忍不住大吼大叫，孩子则心情紧张，脑子更加迟钝。另外，父母一直在孩子身边随时纠错，也会让孩子失去一次重复记忆的机会，不利于新知识的长期记忆。早有科学研究表明，延迟反馈可以通过拉开时间间隔，增加重复学习次数，大脑对知识的记忆也更加牢固、长久；而立刻反馈，可以理解为一次学习大量知识，这能让大脑在很短时间内记住知识。但想要保证记忆的长效、牢固还是延迟反馈更好。

独立完成作业看似是一个很小的问题，却影响着孩子课后如何复习，是否能够在学习中保持一个专注的状态。所以在孩子小的时候，就要让他养成独立完成作业的习惯。

圆圆妈妈在看了别的父母被辅导功课折磨得不堪重负后，就咬牙坚决不辅导圆圆。她要求圆圆：每天必须先把老师教过的内容讲一遍，什么时候给妈妈讲懂了，才能去做作业。刚开始给妈妈讲课难免生硬，为了让自己更像个老师，圆圆不得不提前翻书复习一遍，有不懂的也会在学校问问老师，或者和同学沟通下，保证回家能给妈妈讲明白。

讲完后，圆圆再去写作业，没想到不仅效率大大提高，错误率也大大降低。而圆圆也从给妈妈讲题中获取了成就感，独立完成作业的积极性愈发浓厚。

自觉独立完成作业，可以加深孩子对知识的理解，培养自主思维意识。那么具体如何培养孩子自觉主动完成作业，这里给大家3个小建议。

>>> **让孩子读懂题目**

首先，要把复杂的句子划分成一个一个的单词、短语，让孩子读题的时候学会正确的停顿、断句。孩子有不认识的字，大人可以引导孩子使用字典，自己解决生字。最后，就是让孩子通读题目。

>>> **拉开与孩子的空间距离**

孩子对父母有依赖心理是很正常的，事实上，即使孩子逐渐拥有了独立写作业的能力，也会依赖父母帮助自己解决难题。

面对这种情况，父母可以通过日常的语言和行为让孩子认识到自己可以独立完成作业，不能一味地依赖父母。大人刚开始可以陪在孩子身边，遇到难题不会要先让他自己思考，再进行辅导；渐渐孩子适应了，就可以远离孩子让他一个人写作业，父母也能去做自己的事情。

>>> **让孩子决定写作业的时间**

让孩子自行决定写作业的时间，孩子往往更愿意遵守自己的承诺，而不是大人的要求。父母需要提前了解孩子的作业情况，衡量孩子提出的时间是否合理。也可以给孩子提供几个写作业的时间段，让孩子自己选择。一旦孩子决定了写作业的时间，父母就要严格执行，这样慢慢养成习惯，孩子就可以自觉地、按时地完成作业。

2. 遇到问题，先让孩子问自己怎么办

很多问题只要认真思考一下就能解决，但孩子却不愿意动脑筋，而是依赖父母、老师或者借助工具，拿一个现成的答案。

小北喜欢用搜题软件来写作业，遇到不会的地方就上网查一查，这样既保证正确率，也可以看到解题思路，作业做得又快又好。妈妈见儿子不再缠着她问问题也很开心，以为孩子那把知识都学会了。但这份开心只坚持到了小北期末成绩公布。小北习惯了遇到不会的就搜索答案，完全省掉了独立思考的过程。当他看到考试题型有变动，就觉得没背过，肯定答不出来，就把以前背过的解题思路胡乱套上，所以考"糊"了。

孩子不喜欢思考，也是父母平时乐于主动提供答案养成的习惯。很多父母看到孩子迟迟无法解决问题，就会把自己的经验和方法告诉孩子，这样做可以帮助孩子解决问题，让孩子有更多的时间去做其他事情。尤其是看到孩子求助时可怜巴巴的样子，更难狠得下心让孩子自己解决问题。当父母愿意替孩子搞定一切，孩子就渐渐习惯了不去思考，自然也就体会不到通过思考去解决难题的乐趣和成就感。

没有养成思考的习惯，就会导致即使很简单的问题，孩子也不会做。这是因为题目里的知识点，孩子根本没有理解透彻，不能举一反三，更不可能答出一道杂糅了多个知识点的题目。基础知识不牢靠，思考的知识储备没有，自然体验不到思考的乐趣。只有让孩子体会到思考的乐趣，孩子才更愿意去主动找答案。

一天，母亲回到家告诉小文，自己花了一百块钱只买了3支铅笔和2个苹果，请小文帮忙算一算是哪里出了错。小文立刻询问母亲物品的单价，最后算出来，是买苹果的店家没有给母亲找零。从这以后，每逢母亲买东西、做计算，小文就会主动帮母亲核算。主动思考可以锻炼孩子的思维能力，培养发散思维，让思维越来越敏捷活跃。而且，乐于主动思考的孩子，会在解决问题过程中获得成就感，从而会更加积极地去尝试，自信心自然也会得到增强。

那么，当孩子遇到问题，父母应该怎么激发他主动思考解决的办法呢？

>>> 把握好帮助的分寸

遇到孩子求助，不要表现得很积极。父母可以示弱，表示爸爸妈妈也不会，但我们可以一起思考，一起去寻找答案。这么做，一方面能够安抚孩子的情绪，让他觉得不会做是正常的，不必急躁。另一方面，父母明确的态度，也能让孩子放松，自己不是一个人在面对难题。

>>> 帮孩子理清解题思路

孩子遇到难题，很多父母通常会直接给答案。虽然这样比较省事，但下次遇到同类型的题，孩子还是会被难倒。有时候，孩子不会做，多半是题意都没真正搞明白。所以，父母不妨帮助孩子理清思路。

帮孩子理清解题思路，可以让孩子先读几遍题目。然后，问孩子以下3个问题。

1. 在题目中找到了哪些关键的信息、条件和数字？

2. 题目在问什么？让孩子知道题目是在考察那些知识点。

3. 怎样利用已知信息来回答问题？

理解了题意，掌握了线索，通常解题的思路就出来了。如果孩子冥思苦想后还是不会做，父母可以适当点拨孩子，也可以在教辅材料中找到相似的知识点和例题，给孩子讲解，让孩子理解例题的解题思路后再去做题。

>>> **允许孩子犯错**

父母要对孩子的错误思路保持耐心。孩子在答题的过程中，难免会思路跑偏，或者遗漏某些步骤导致整道题都算不出答案。越是这个时候，越不能急于否定孩子，要允许孩子多犯错。立刻纠错孩子的错误，会打断他连贯的思考，造成混乱。等孩子把题目回答完，父母可以和孩子一起从头慢慢梳理，找到错误的地方，这样做有利于加深孩子对于题目和知识点的记忆，理解巩固。避免下次犯同样的错误的同时，也锻炼自主思考的能力。

3. 不许孩子拿粗心马虎做借口

发下卷子之后，教室里总会哀号一片：做题时加号看成减号；忘记点小数点；明明选C却写成了D；誊抄答案出现错误。总结失误时，粗心马虎成了孩子最好的借口，好像如果自己再认真一些，考满分都不是问题。而父母们也接受了这种解释，有些父母会唠叨着下次注意，也有些父母会愤怒地让孩子抄错题50遍，记住教训。但在很多父母心里都认为孩子只是一时的粗心马虎，只要下次细心点就行。

小华上课学知识很快，在班级里也是头几个完成习题的，但习题册和作业本上通篇都是红叉。小华觉得很委屈，因为这些题目自己都会，只是因为马虎才会出错。父母也总觉得反正小华都会，只是叮嘱他要认真点。但是，小华的毛病并没有改观，反而愈来愈严重，字迹潦草，错误更多。任何时候都不许孩子拿粗心马虎做借口，如果父母接受了孩子只是马虎的说辞，表示这是可以理解的。孩子就会习惯把粗心马虎当借口，来隐藏自己在学习方面的不足。父母要让孩子认识到马虎绝对不是个不痛不痒的小问题，一般来说，马虎有如下几个表现。

马虎导致审题、誊写出现错误。大多是因为孩子在做题时注意力不集中，脑子里在想其他事情。也会有感统失调的情况，对图形和数字的认知存在偏差，这也会导致他们审题错误马虎导致用错、写错知识点、公式。很大程度是因为没有完全理解、掌握知识。当大脑没有得到足够的刺激，孩子很难做到完全理解和运用知识。平时对定义和概念就模糊不清，答题时就胡乱使用。所以，日常学习中的练习不足也会导致粗心马虎。

马虎导致的经常犯低级错误。父母和老师对孩子的学习情况十分在意，给孩子造成心理负担。于是，孩子心情紧绷，思维僵化，更容易犯一些平时不可能犯的错误。

如果父母不能了解孩子马虎的真正原因，甚至以孩子的聪明，或者平时很努力来原谅孩子的马虎。孩子长此以往受到父母的影响，就会认为题能不能做对无所谓，只要会做，爸妈就不会为难我。甚至，有些孩子还会自我欺骗，一些题目明明不懂，却说是马虎粗心，因为这样就不会被同学嘲笑愚笨，被老师的责备上课不认真听讲。一旦养成这种习惯，孩子的学习态度就会变得浮躁，不愿意认真踏实地打好基础，在"粗心马虎"的路上越走越远，逐渐失去对学习的兴趣。

在数学考试上又一次发挥失常，欣欣觉得自己只是粗心大意才没考好。妈妈却说欣欣不是马虎，要她整理每一道错题，把所有马虎的地方圈出来，并分析涉及的知识点。欣欣委屈地照做，然后惊讶地发现，很多题目看起来是马虎，其实是自己在做题过程中犹豫导致的，而犹豫则是因为自己对知识点一知半解，理解不透彻。

孩子只有扯下粗心马虎的遮羞布，才会更加细致的态度去面对每一道题目，不偷懒。而当孩子提高了做题速度和准确率，成绩上有了进步，才会更加主动去学习，学习的自信心也会得到提升。

拒绝孩子把粗心马虎当借口，父母可以在他改错题时立下几个规矩。

>>> 反复读题目

出现错题，让孩子多读几遍题目，并划出关键信息。孩子经过反复阅读，自己发现忽略的信息，记忆更加最深刻。

>>> **把错题熟练地讲出来**

孩子在尝试讲题的时候，就会逐渐理解解题思路，梳理掌握不牢固的知识点。当孩子可以达到流畅讲解题目的程度，就证明孩子能够完全掌握这道题涉及的所有知识点，也有了自己的解题思路。

>>> **准备草稿纸和错题本**

很多孩子不喜欢用草稿纸，习惯直接在卷子上计算，这样很容易造成抄写错误。让孩子把运算过程工整地记录下来，这样的话，即使验算的时候发现两次结果不同，也能方便找出问题出现在哪里。

孩子在试题册上改完错题之后，还要让他整理到错题本上。将题目誊写在错题本上，过一段时间，重新再做一遍，检验孩子是否完全记住、理解了这道题隐藏的思路和知识。可以要求孩子把关键的解题步骤、涉及的公式用红笔标注出来，加深印象。如果孩子能力允许，父母可以鼓励孩子用其他思路来解题，有利于孩子灵活运用知识。

4. 正确刷题，多做练习是必要的

2021年六一儿童节，某流量明星晒微博说，自己给妹妹准备了礼物，妹妹很开心地问："什么礼物？"结果，哥哥答："两箱暑假作业。"妹妹当即大喊："谢谢，我不要！"

网友说，妹妹的反应太真实。对于关注孩子学习的父母以及亲人来说，给孩子买点卷子做，实在是用心良苦，但对孩子来说，则是实实在在的痛苦。但是，不做大量练习的听课都是无效的。没错，刷题是对知识的进一步理解和巩固。比如，数学是一个应用性学科，当你把公式运用了很多遍时，潜意识里就已经有一个解题套路了。

同时刷题也是为了训练题感，以便在考试的时候可以快速进入状态。刷题是掌握命题规律的有效方法。比如高考决定着考生的命运，出题专家会非常谨慎，即便考察的知识点和题型有变化，也不会很大。刷题多了，就能了解其中的规律。而且，学霸的秘密，也在于刷题。

2021年安徽省的理科高考状元袁霄取得了总成绩716高分。他认为，刷题是为了检验自己对知识的掌握程度，总结解题思路和经验。如果不能达到这些目的，那么刷题就是毫无意义的。

高考成绩711分的辽宁省考生王敬博认为，课后刷题是必要的，但一定要高效。已经学会的知识点一遍遍地重做，不仅对提高成绩没有帮助，还会浪费时间。王同学的做法是针对自己的薄弱科目、薄弱知识点进行专项练习，整理错题本。而王同学在高考前几天，就只是看错题本，没有再刷题了。

但是，问题是很多孩子也认真去刷题了，但成绩为什么就是上不去？原因在于孩子刷题的方式不对。

错误一：刷题缺乏计划和思考。很多孩子只是简单地做完题，对完答案，不会主动思考、归纳出题人的命题规律，考察重点。有些孩子在刷题前，根本没有想过要通过刷题解决哪些问题，常常没有掌握知识点就去做对应的题目，刷题效率变低。更有些孩子用刷题来缓解焦虑的心情，他们不在意自己到底刷了些什么题，潦草地改完错题就把卷子丢开。久而久之，孩子们就会受到困扰，自己明明很努力，成绩却就是提不上来，焦虑心情在短暂的缓解之后变得更加严重。

错误二：刷题没有质量。很多学生喜欢刷基础的、简单的送分题，美其名曰巩固基础。其实，这只是不断加深对已经掌握的知识点和解题步骤的记忆，把自己当作列公式、套公式的计算器，真正地解决问题的能力并没有的到提升。只要能保证正确率和解题速度，就不要再在这一类题上花时间了。

错误三：靠做难题来提高分数。为了和同学拉开差距，孩子们就会去攻克"拔高题"，认为会解决难题，分数就会提高。但无论是在升学考试还是日常检测中，试卷中占比最大的永远都是基础题。练习拔高题是在基础牢固的情况下灵活运用解题技巧，如果基础知识掌握得都不扎实，那么刷难题的意义也不大。

其实，合理的练习，有利于帮助孩子意识到自己是有能力解决问题的。孩子变得更加自信，愿意去尝试更多的难题。而多做练习可以让孩子更加深刻地理解知识点和定义，熟练而灵活地把知识应用到具体的题目中。

那么，如何指导孩子正确刷题，做有效率的练习？

>>> **多做专项训练**

刷题要有针对性，多练习孩子容易出错的题目。通过错题可以看出孩子掌握知识的薄弱点，让孩子通过大量专项练习来掌握缺漏的知识点，熟悉知识点的变形和运用，加深记忆和解题的思维模式。

>>> **不依赖参考答案**

知道对错后不能直接看参考答案。在发现孩子答案错误后，要让孩子重新写一遍解题步骤，梳理解题思路，让孩子自己发现错误。而不是从参考答案里找到自己的错误出在哪一步，然后抄写下来。这样全然没有自己思考的改错过程，对孩子理解正确答案和解题思路的帮助也不大。

>>> **归纳总结**

刷完题最重要的就是总结归纳。刷题说到底是一个累积经验的过程，让孩子把各个科目的典型例题和自己易错的题目按照考查知识点、错误原因和考察方式来进行分类，了解做错的原因，知识点的关联和命题逻辑。让孩子做到对所有重点、易错点和命题方式的融会贯通。

5. 让孩子慢慢延长注意力

刚把作业本找出来，就想上厕所；作业半页都没写完，就开始要水喝、要零食吃；写到一半的时候，开始眼神呆滞，大脑放空……终于，等孩子把作业写完，也到了睡觉的时间。那么，是什么原因导致孩子无法集中注意力学习？

首先，是因为父母的过度陪伴。比如，孩子写作业时父母会一直陪在孩子身边，时不时用语言来引导孩子。这会让孩子觉得自己在被监视，无法全身心沉浸在学习中。孩子因为担心犯错就会一直观察父母的反应，自然无法把全部注意力投入到学习中了。

妈妈要求倩倩写作业时要仔细认真，及时发现并改正错误。爸爸和妈妈还会轮流守在倩倩身边盯着她写作业，督促倩倩认真学习。所以，倩倩渐渐养成了只要有一点错误或者不满意的地方就一定要擦掉重写的习惯，虽然作业质量很好但写得很慢，经常很晚才能完成作业。

其次，是因为父母给孩子过多的辅助工具。有的父母为了激发孩子的学习兴趣，会给孩子准备很多种不同的教辅材料或者教具，孩子不断被这些辅助工具转移注意力，学习是专注力自然就下降了。

最后，是因为父母强迫孩子长时间学习不感兴趣的学科。很多父母喜欢给孩子报一些兴趣班和辅导课程。但如果孩子对某个科目不感兴趣，父母却强迫孩子花费大量时间在这上面，容易造成孩子的抵触心理，而课程内容无法吸引孩子注意力，则更容易造成注意力不集中。久而久之，孩子就有可能习惯性地对吸引力不大的知识产生倦怠、思维游离。

另外，孩子的专注力不能集中也和孩子的自我认知不足，缺少自驱性和自控力有关。他们常常会因为缺乏安全感、想要寻求父母的关注、失败受挫或者没有好好休息等原因导致注意力不集中。比如，写作业常常忽视细节，粗心大意、半途而废。上课听讲不认真，表现得漫不经心。很多孩子因为容易被有趣的东西吸引注意力，所以不愿意面对枯燥作业和学习。

孩子学习时容易分散注意力，就会降低学习效率，对知识的理解和掌握也会大打折扣，渐渐难以完成越来越多、越来越难的作业。

想要孩子在学习时集中注意力，父母可以对孩子进行专注力训练。在对孩子进行专注力训练之前，父母要先了解孩子在不同阶段专注力时间。在学龄前，3岁时，孩子集中注意力的时间为3～5分钟。4岁时，孩子集中注意力的时间约为10分钟。5岁时，孩子集中注意力的时间约为15分钟。

孩子进入小学，集中注意力的时间就会有一定的增长。小学一二年级，孩子集中注意力的时间为10～20分钟。小学三四年级，孩子集中注意力的时间约为30分钟。小学五六年级，孩子集中注意力的时间约为40分钟。

下面，让我们来看看进行专注力训练有哪些方法？

>>> **快速阅读保证注意力集中**

父母可以给孩子立下一个阅读规矩：根据问题，快速阅读找到答案。当孩子在面对大段文字的时候，也是最容易走神的时候。快速阅读可以让大脑保持在一个紧张的状态、高速运转，让注意力一直集中在思考的问题中。加快阅读节奏，让孩子的大脑养成快速整合信息、记住重点的习惯。

>>> 少用涂改液和橡皮

洋洋总是把作业本涂改得脏兮兮，妈妈每次检查作业都难度倍增。时间久了妈妈忍无可忍，没收了洋洋的橡皮、涂改液。刚开始，洋洋没了涂改液又经常写错，只能用笔划掉，作业本整篇都是一团团黑色。没有办法，为了作业的美观工整，洋洋只好在写作业时全神贯注，争取一遍做对。

涂改液和橡皮会让孩子产生自己可以在写作业时走神犯错，父母可以先要求孩子少用涂改液和橡皮，循序渐进地戒掉对涂改液、橡皮的依赖。

>>> 形成固定的思考顺序

父母可以在孩子遇到难题时，引导孩子有逻辑地思考，形成固定的思考顺序。孩子经常会钻牛角尖、面对难题毫无头绪。这个时候，父母可以把一个问题分解成几个小问题，引导孩子慢慢思考：问题是什么？为什么会出现这个问题？解决思路是什么？具体要怎么做？从中学到了什么？

第五章

为什么你立的规矩不管用

1. 轻易妥协，规则不断被打破

有父母抱怨说，给孩子立的规矩，总是执行不下去。比如，明明定了规矩，一天只吃一块巧克力，可孩子吃完立马"翻脸不认账"，非得缠着你"再来一块"。受不了孩子又哭又闹，只好再给孩子一块。

父母的妥协，让孩子误以为父母说的话不必当真，自己想做什么，软硬兼施，就能得逞。次数多了，孩子根本就不把父母的话放在心上，更不会把规矩放在眼里。

孩子这个行为，也不是短时间内形成的，而是在父母一次又一次的妥协中积累出来的。美国著名心理学家斯金纳曾做过一个小白鼠的试验。他将一只饥饿的小白鼠放入一个安装了小杠杆的箱子，一旦小杠杆被压动，就会掉落一粒食物。开始，小白鼠无意中压到杠杆，吃到了食物。反复几次后，小白鼠认识到了"按压杠杆"和"获得食物"之间的联系，就学会了持续按压杠杆，获得食物，直到吃饱。

同样，孩子最初也并不知道"哭闹"可以达到自己的目的。偶尔无心的尝试之后，发现了两者之间的联系，从此就像小白鼠一样,学会了频繁使用哭闹打滚的行为,来达到自己的目的。比如,孩子哭闹要玩具,妈妈说:"别哭了,我们这就去买那个玩具。"结果这一次,孩子马上停止哭泣,高兴地去买玩具。等到下次想要买玩具时,继续哭闹。长此以往,孩子就会将"哭闹撒泼"当成达到目的的手段,并且不断变本加厉,一而再地挑战你的底线。

对于孩子的迁就和顺从,实际上是助长他们以"自我为中心"的意识。这种意识的不断膨胀,容易使孩子变得自私自利,毫无原则。等孩子觊觎起不属于自己的东西,哪怕不择手段也要得到的时候,父母再去后悔为时已晚。父母应懂得拒绝孩子,用规则说服孩子的贪婪,让他们明白,这个世界并非可以为所欲为。

那么,该如何给为达目的大哭大闹的熊孩子立规矩?教育专家建议父母这样做。

>>> **提前约定**

孩子在超市看到自己想要的东西就要,不给买就哭。因此,在去超市前,就要和他讲好,只能选一样东西。如果乱要东西,或者大声叫喊、哭闹,那就一样都不买。做好约定,然后再去超市。如果孩子赖皮,你对他说:"妈妈不会给你买的,因为我们已经讲好了""如果你乱要东西,我什么也不会给你买,而且我会自己回家,你自己留在超市。"关键是你一定不能妥协,否则以后的约定就都没有效果了。而且,这时候不要试图给孩子讲太多道理,他根本听不进去,要用行动表示自己坚决的态度。

>>> **说明理由**

拒绝总是有理由的,但错就错在父母常常所以编造借口来搪塞孩子。例如,孩子想买某些玩具,父母往往习惯说"太贵了,买不起",而实际情况并非如此。建议父母不妨告诉孩子,家里已经有类似的玩具,或者你已经选了一个了,所以不能再买了。

在说明理由的同时,还要让孩子感受到自己的爱意,不要让孩子觉得不给他买玩具就是父母太小气,根本不爱自己。可以告诉孩子之所以不答应他的无理要求,不是因为不爱他,而是因为前面约定好了不能说话不算数,或者感觉这样太浪费,再或者这个玩具不环保。明确地跟孩子讲清楚你拒绝的原因,不要以为孩子小听不懂,其实2岁多的孩子就能明白,家里有一个了,不能再买了的道理。

>>> **转移注意力**

父母除了可以给孩子语言上的告诫外,还可以利用孩子注意力不稳定的心理特点,巧妙地将他的注意力转移到别的事情上,使他放弃原本想要的东西。例如孩子执意要玩火,那么父母可以选择一些诸如外出游玩、制作航模等有趣的事情来吸引孩子的注意力。

>>> **温柔而坚定**

孩子哭闹,最好的回应方式是温柔而坚定地表示拒绝。孩子若是无理取闹,我们可循循善诱,提出"谈判",吸引孩子的注意力，平复孩子的情绪。

谈判的过程中，父母要将姿态放低，平视孩子的眼睛，冷静倾听孩子的要求。记住要将谈判时间的设置权掌握在手里。当规定时间已到，孩子并未说服你时，理智地告诉孩子："虽然你很失望，但谈判已经结束了。"孩子若是不接受结果，继续发脾气，我们可及时"暂停"。比如说，留孩子一个人在房间里冷静。

重要的是，要把拒绝坚持到底，绝不临时改变主意。美国洛杉矶的一位大学教授出了本书《父母要敢于对孩子说不并坚持到底》，其中写到了美国人管教孩子的严格方法，比如，今天带孩子去超市，只能花10美元，超过10美元绝对不能花。或者带孩子与朋友聚餐，告诉孩子，到那以后你不能点菜，上什么吃什么，不许乱要东西，你要表现得不礼貌，我或者你妈就要把你送回家。

当父母坚持的次数多了，孩子慢慢就明白他的哭闹是换不来期待中的结果的。慢慢地，孩子自然学会按规则行事了。

2. 规矩不是束缚孩子的绳索

很多父母觉得立规矩就是在剥夺孩子的自由，限制孩子未来的发展，扼杀孩子的天性，不愿意给孩子立规矩。

闪闪的爸爸不想给孩子设置那么多的条条框框。所以，平常并不怎么管束孩子：闪闪喜欢在睡前吃零食，爸爸就把零食放到闪闪的床头；闪闪不爱看书，爸爸说不看就不看吧；闪闪不愿意和邻居打招呼，爸爸也会帮孩子开脱。就这样，闪闪乐呵呵地度过了每一天，直到他去了幼儿园。闪闪上幼儿园的第一天，爸爸就被老师叫去训话了：闪闪上课经常打断老师，午休的时候不去睡觉自己一个人玩游戏，和其他孩子吵架……

其实，真正的自由并不是随心所欲。在心理学上自由有明确的定义：能够按照自己的意愿做事情就是自由。在生活中，每个人都是按照自己的意愿做事情，所以每个人都是自由的。但是，在规则面前任何人的自由都需要退步，比如，去超市结账需要排队，只有在绿灯时才能过马路。只有每个人都遵守公共规则，社会才不会乱套，个人的自由才能得到保障。自由是每个人都与生俱来的权利。无论是父母还是孩子，只要有生命，就会有自由。在孩子的成长的过程中，父母也要保证孩子的自由，父母需要给孩子提供一个自由的环境，让孩子可以顺应天性地成长。

蒙特梭利认为在生命形成的同时，精神也会随之形成。孩子会一点点长成一个大人，精神也会一步步发展到最终的样子。但就像孩子的肉体还是一个胚胎的时候，需要母体提供营养。精神在没有发育完全时，也需要父母提供一个充满爱与自由的环境。在孩子的成长过程中，精神的成长是不容忽视的。如果想要让孩子顺应天性成长，实现自我，父母就需要保证孩子拥有足够自由独立的意识。

而规则是所有人都需要遵守的约定。规则只会出现在多人的环境和关系中，确保每一个人的权利不受侵害。同时，规则也划分了人与人之间的界限。在现实的世界中，处处都是有界限的。比如，人是不能够擅自闯进别人家中，房子的墙就是保障个人隐私和安全的界限。自行车也不能骑进人行道和机动车道，车道的划分就是保障大家生命和财产不受侵害的界限。每个人在界限之内都能够自由、平等地生活。而这些界限都是通过规则形成的。因为有规则，人们才可以去追求自己想要的生活，去体验安稳却又和其他人截然不同的生活。

心理学家认为，每个人都有自己的心理界限。就像房子的墙壁可以遮风挡雨，人类的心灵也需要一层"墙壁"来抵挡伤害。父母需要循序渐进地把规则根植到孩子的内心，保证孩子的内心有一个可以抵挡伤害和干扰的界限。

在教育学中，自由和规则不是相互对立的，它们是一种相辅相成的关系。规则不会削减自由，只会保护自由。正是得益于规则，人与人之间的界限才会被划分得如此清楚，让每个人在和谐共处的同时，自由地生活。

教育家蒙台梭利认为，自由和规矩是不可分割的两个方面。所谓的自由不是孩子想做什么就做什么，自由是有限制的，这个限制就是规则。规则让孩子在道德和安全的范围内，知道什么是对的，什么是错的。给孩子的自由限度应该在不伤害自己，不妨碍和伤害他人，不破坏环境的前提下，这是让孩子自由探索的边界。

规矩不是束缚孩子的绳索，而是保障孩子自由的工具。但为了避免父母在立规矩的规程中，无意识地限制了孩子的发展，父母还需要注意以下几个问题。

>>> **让自由贯穿规矩的始终**

如果孩子之前完全处于放养的状态，父母想要给孩子立规矩，就需要说服孩子接受。在说服孩子的过程中，父母要告诉孩子设立规矩的原因、这些规矩对孩子都有哪些好处、孩子在遵守规则时需要做什么、有什么难度，最后再询问孩子的意见，和孩子沟通协商出双方都能接受的规矩。

父母设立规矩的时候不能事无巨细，连孩子一天喝几次水都要立下规矩。父母可以在涉及孩子的安全问题、行为习惯和道德礼貌这些方面设立规矩。比如，在人多的地方不能离开父母的视线、公共场合不能大声喧哗、写作业时不能玩手机等。父母要意识到哪些规则是不设置就会对孩子的生活和学习造成影响的，把握好规矩和自由之间的尺度。

>>> **在坚守底线的同时让规矩变得灵活**

规矩一旦设立，无论是孩子和父母都不能轻易违背。父母做到不打破规矩的同时，也要保证自己在面对孩子的哀求或者耍赖时，不要过于严厉，或者动摇，让孩子对规矩产生怀疑。

同时，父母在设置规矩、执行规矩的过程中要多和孩子交流、时刻关注孩子对规矩的适应情况。如果孩子对规矩适应不良，父母就要及时调整，保证孩子能够积极地接受规矩、有效地执行规矩。比如，父母要求孩子2小时内写完作业，但孩子做不到。这时父母就要询问孩子做不到的原因，如果是作业太难，或者时间太短，父母就可以适当地辅导孩子，或者根据孩子的速度和学校的要求来适当延长时间，量身定制规则也会让孩子感受到父母在意自己的感受，给予了自己尊重。

>>> **在给孩子自由时加上一点规矩**

总有些事情是父母不方便干涉的。比如，孩子的交友、孩子的娱乐项目、孩子对零花钱的支配。这些都是孩子的自由，但出现问题就会对孩子的生活造成很大的影响。父母针对这些问题，可以事先告诉孩子自己的建议，处理不当会导致的结果。父母在最后一定要告诉孩子：这只是说一说父母自己的看法，想要怎么做还是要看孩子自己。这样孩子就不会觉得父母限制了自己的自由，同时也能尽量避免做出错误的选择。

3. 父母自己破坏规则

有网友在知乎上指责自己的父母，他说一次和爸爸骑车出门，由于天气很晚了，路上几乎没有车辆。遇到红灯，爸爸一边向前冲，一边对他喊："快点啊。"他没理，停下来等绿灯，过去后，爸爸忍不住训他说："为什么不冲过来，又没有车。"

有一位妈妈发朋友圈，说"好好的规矩，都让你给毁了！"配图是孩子和爸爸，大小两个脑袋挤在一起看手机。她说平时她不允许孩子看手机，但是孩子爸爸回家后，就抱着手机不是刷抖音就是打游戏，经常会把女儿抱在怀里一起看。她说，"我们家，破坏规矩的永远是爸爸。"

像这样的事太多了。很多父母总是一边教孩子守规矩，又一边看心情或者实际情况而亲手破坏规矩。比如，过马路时看人少就不等红绿灯，排队时见到熟人在前面就去插队，常常为自己坐地铁抢占了座位而沾沾自喜。更可怕的是，有的父母会利用孩子，为自己不守规矩创造便利。虽然都是些小事，但孩子把这一切看在眼里，也会记在心里，变成自己行动的标准。

有位母亲最不喜欢排队，自从有了孩子，她常常以抱着孩子请求前面的人方便一下。等孩子大一点，她就教孩子卖萌插队。因为孩子可爱又机灵，此法屡试不爽。但是，孩子上幼儿园后，每次排队领东西，都要抢到别人前面。老师不允许，就哭闹不止。

当父母对孩子的要求总是高于自己，也总是给自己破坏规矩的行为找借口，甚至为自己的灵活而骄傲，结果就会在孩子眼中失去威信，更加对规矩不屑一顾。比如，孩子总是玩手机，你教训他说："不许总玩手机。"如果你总是手机不离手，甚至连吃饭也不放过，那只要孩子一句："凭什么你可以玩，我就不可以？"就能让你无言以对。

当孩子不守规矩，甚至敢和你顶嘴，反抗你的强硬教育，父母应反思自己是否从来没有按标准要求自己，没有给孩子做一个好榜样。英国教育家约翰·洛克强调示范的作用,反对单纯的说教。他说:"无论每天给孩子多么聪明文雅的训练,对孩子行为影响最大的依然是他身边的人。"

父母是孩子的第一任老师,永远不要低估自己的行为对孩子造成的影响力。要想孩子怎样做,先要自己做出来,自己做好了,孩子自然也会跟着做到。所以,在规矩面前,父母要带头规范自己的言行举止,时时、处处、事事以身作则。

>>> **父母重新审视自己的言行**

很多父母不经意的行为举止落在了孩子眼里,就会长年累月地对孩子的行为、语言和思想造成影响。无论是喜欢说脏话、随地吐痰,还是习惯早起看书,语言文明,孩子会学习父母所有行为,无论好坏。父母想要给孩子好的影响,就必须审视自己的言行。想要孩子养成早上听英语的习惯,父母就不能早上一起床就开始刷视频,而是经常在孩子面前收听英语频道。父母可以每隔几天就审视一下自己的言行,那些可以让孩子效仿,给孩子带来好的影响的行为就多多益善,那些明显是让孩子跟着学坏的行为就及时纠正。可能一开始的效果不够明显,但只要父母愿意为了孩子去提升自己,孩子看到了父母为自己做出的改变,就会发自内心地认可、模仿父母的行为。

>>> **父母要用严格的标准来要求自己**

父母对自己的要求,也会影响孩子对自己的要求。父母能够做到数十年如一日地坚持良好的生活和学习习惯,就会给孩子带来榜样的力量。因此，父母不妨给自己制定一个标准，保证自己可以坚持的同时，也引导孩子和自己一起坚持，让孩子养成用更高的标准衡量自己的习惯。

>>> **父母要明确自己和孩子是一样的**

当父母要求孩子不许做某件事，自己却率先打破了和孩子的约定。为了让孩子继续遵守立下的规矩，去为自己的行为找借口、甚至欺骗孩子。这时候，在孩子眼里父母、承诺和规矩就失去了威严。父母可以通过欺骗孩子去打破规矩，但被孩子发现之后，不仅会失去孩子心父母的尊严，也会向孩子传达这样一个信息：只要找到借口，规矩是可以打破的。我也可以欺骗爸爸妈妈，就像他们骗我一样，这是一个大家都会做的行为。所以，父母一定要把自己和孩子放在同等地位上，不可以凌驾于大家共同制定的规矩之上。

4. 规矩不一致，孩子无所适从

有时候，孩子不能很好地遵守规矩，是因为规矩总是变化，前后不一致，使得孩子不知道该如何执行。下面三个不一致的情况，看看你有没有中标。

>>> **因为心情不同要求不一致**

很多父母立规矩只是根据心情而定，没有任何原则。比如，今天心情好，就允许吃棒棒糖、看电视，今天心情不好，就不许吃、不许看。这种忽变的规则，会让孩子搞不懂为什么不能这么做而困惑。这只会让孩子对父母失去信任感，同时也会让孩子学会察言观色，比如看父母心情大好就去提一些过分的要求，不断去试探父母的底线。而一旦发现父母心情不好，就连最正常的要求也不敢提，怕被拒绝。

>>> 家人之间的要求不一致

在立规矩上，最怕家人意见不一致，你在这边严厉管束孩子，孩子爸爸或者奶奶在那边拼命拆台。比如，你严格规定不许在饭前给孩子吃零食，孩子的爸爸却常常在饭前给孩子吃零食。或者你禁止孩子吃饭的时候看电视，爷爷奶奶却总是让孩子一边吃饭一边看动画片。

这种意见的不一致，会让孩子不知道该听谁的，时间久了，孩子干脆谁的话也不听，或者父母之间或者其他家人之间在育儿上的矛盾，归结为是自己没有做好。甚至一些孩子为了迎合父母，表现截然相反的样子，又或者在一方要求自己的时候，拼命哭闹反抗，向另一方求助。所以，在教育孩子的时候，家人之间一定要统一意见，保持一致。

有一位妈妈监督女儿练舞蹈基本功，因为劈叉太疼，她对着爸爸喊："爸爸，妈妈欺负我！"但是爸爸却淡定走过，不给女儿撑腰。女儿怪他心狠，他说："我和你妈不能一个唱'白脸'一个唱'红脸'，这样对你没有任何好处，在练舞蹈上，你听你妈的就行了。"

父母只有站在统一战线，孩子才能认定这个规则是值得和应该遵守的，而不会不知所措。那么，关于如何统一意见则需要一定的智慧，直接否定和指责对方，很大概率会让关系陷入僵局。

一位妈妈坚持在孩子1岁之前尽量不给孩子吃盐，而奶奶却认为孩子出汗就得补充盐，坚持在孩子做的辅食中加盐。这位妈妈和婆婆多次沟通无果，终于爆发，婆婆一气之下回了老家，妈妈不得不辞职回家带孩子。

另一位妈妈也遇到了类似的情况，她没有立即指责婆婆做得不对，而是带着婆婆去听了一场关于要不要在1岁之前给孩子加盐的育儿讲座，并说："原来同事给我说，不能给1岁之前的孩子吃盐，我还不信呢。"后来，她又搜索了一些相关主题的视频，和婆婆一起看，尤其对那些吃盐太多对孩子造成的伤害表示难以置信和伤心。婆婆看了以后，也非常震惊，不仅再也不在辅食中加盐了，还到处给认识的老人普及相关知识。

育儿观念不一致，尽量避免正面冲突，迂回一点不伤关系。毕竟一家人，在爱孩子这一点上绝对是一致的，多一点尊重、理解和包容，再大的矛盾也能解决。

>>> **不同孩子的要求不一致**

当不少人还没有做好到底要不要二胎的计划，三胎政策已经正式降临。一个家庭不止有一个孩子时，父母难免会出现"偏心"的现象。比如，因老二年龄小，不懂事，而把责任推给老大。或者因为老大处于叛逆期，让人讨厌，而不自觉地喜欢老二。因为掺杂了个人偏好，常常会出现，同样一件事，对不同孩子的要求不同。

比如，老大挑食不肯好好吃饭，你让他饿一顿。而老二不好好吃饭，你张罗着给他做喜欢的辅食。再比如，老大打了老二，得来的就是一顿训斥，"你是哥哥，怎么不让着弟弟？"而老二打了老大，就立即得到谅解，"乖，下次不打哥哥了哦。"也许，这在你看来没什么，因为老二需要营养，不能饿着，老二还小，不懂打人是不对的。而在老大看来，这就是赤裸裸的偏心，就是典型的爱老二而不爱自己，进而对弟弟妹妹产生怨恨。

虽然做到一视同仁并不容易，但这不意味着我们有理由不断去伤害其中一个孩子。父母需要学习的是统一规矩，让孩子感觉不论年龄大小，在规则面前都是平等的，这样的规矩才有约束力。

当然，不同年龄需要遵守的规则不同。比如，1岁多的孩子需要妈妈喂饭，而3岁的孩子则应该独立吃饭。如果3岁的哥哥因为妈妈给1岁的妹妹喂饭而觉得不公平，妈妈要给他一个正确的解释，让他认识到这是因为年龄差异而造成的，并不是妈妈偏心。如"你在1岁的时候，妈妈也像喂妹妹一样喂你吃饭啊，等妹妹长得像你这么大，她也会自己吃饭。现在，她正在跟你学怎么用勺子吃饭，不弄洒呢。"

保持规则的一致性，有助于孩子遵守规则，并正确理解契约精神，而不会无所适从。

5. 规矩太严苛或者太松散

规则是父母对孩子的一种期待，一些父母因爱生苛，给孩子制定的规则超出了孩子承受的范围。而另外一些父母则过于宽容，规矩定得太松散太容易，根本起不到约束不良行为的目的。一个太严苛，一个太宽松，两个极端都不可取。

最为推崇严格规则的是那些虎爸狼妈，他们制定各种规则，不惜一切手段，目的是要打造出一个完美的孩子。一方面来说，严苛的规矩的确让孩子在表面变得优秀了，甚至成为别人家的孩子。但弊端也同样明显，比如在父母近乎变态的要求下，孩子总是害怕令父母不满，因此做什么都战战兢兢，逐渐变得自卑自闭，甚至不愿意和人说话，不愿与别人相处，不愿和别人说话。

立规矩本身无可厚非，但过于严苛，可能会给孩子带来各种伤害。心理专家表示，给孩子立规矩是为了培养孩子的规则意识和养成自律的习惯，但如果规则过于严格，甚至对孩子零耐心、零容忍则会束缚孩子的天性，造成孩子的自我压抑，也会导致孩子在思维和行为上的刻板和僵化，变得唯唯诺诺，没有安全感。

也许父母以为严格要求孩子，是因为爱孩子。但爱孩子行为如果不能给孩子带来爱的感受，反而给孩子带来太多的压力，那有什么意义呢？

和严苛相反的则是过于宽松，孩子做什么似乎都不会得到父母的反对和训斥，就算有规矩，也常常因为违反没关系，而形同虚设。

一位父亲由于平时忙于事业而对儿子产生了亏欠心理，对孩子的教育非常宽松。儿子在学校闯祸打人，他没有说什么，拿钱摆平了事。儿子在学校谈恋爱，谈了一段，女孩要分手，儿子不同意，一言不合，拿出随身携带的水果刀朝着对方连刺数下……

没有规矩，会让孩子认识不到一些错误行为的严重性，不知道这么做会有什么代价，因为就算自己错了，也会觉得有父母给自己做主。

给孩子立规矩的时候，一定要注意这个规则不能太过严苛，也不能太宽泛。比如，有父母明确禁止孩子不许看电视，但完全禁止看电视也不太现实，何况欲望越是压抑越容易失控。所以，如果父母不想孩子看电视，比较好的方式是在时间上限制，超过时间不允许，比完全不允许更为合理。

1966年，美国心理学家黛安娜·鲍姆林德将父母和养育分为四个类型：

1. 独裁型：接纳低、要求高；
2. 操纵型：接纳高、要求低；
3. 忽视型：接纳低、要求低；
4. 权威型：接纳高、要求高。

其中，接纳指的是父母对孩子表现的接纳度，要求是指父母对孩子行为的管教。黛安娜·鲍姆林德认为，最积极、健康的养育方式是对孩子接纳高，要求高的权威型，此类型父母对孩子生活、成长的参与度高，但对孩子在情感上又有很高的接纳度。比如，他们善于倾听孩子的观点，和孩子坦诚沟通，能对孩子的需求做出积极回应，同时，他们在教育孩子上坚守规则，非常注重自己在孩子心中的权威形象。

在立规矩这件事上，父母需要做到松紧结合。既让孩子感受到被约束，也要让孩子觉得有爱和温情。所谓张弛有度，也包括规矩并不是死的、不可以变动和改变、完全不能协商。真正有效的规则，是允许在合理范围内调整的，但前提需要给孩子一个合理的理由，不要让孩子觉得规则可以随意改变。

比如，睡前不能吃东西这一条规则，如果孩子因为练舞蹈，回来没有胃口，晚饭没有吃好，实在太饿，就可以考虑破例让孩子吃一点东西。在打破规则的时候，要告诉孩子，今天破例的原因，并明确告诉孩子破例的情况绝对不可以经常发生。比如睡觉的问题，如果平时规定9点必须上床睡觉，周末就可以允许孩子晚睡半个小时，但前提是一定要按时起床。再比如，外出时间，很多父母要求孩子放学后立即回家，不可以在外逗留。而当孩子大一点，有放学后交际的需求，可以规定一个时间范围，给孩子一点安排个人事务的自由。

宽严有度的规矩，灵活又不失原则，才是真爱。该宽时宽，该严时严，才能收获应有的教育效果。

6. 规矩太多等于没有规矩

人们常说"没有规矩，不成方圆"，但凡事都有一个度，对孩子来说，规矩太多，也难成方圆。

比如，在一些无关紧要的生活细节上，处处用规则限制孩子，并常常因为孩子违反规则而批评、惩罚孩子，只会把孩子打造成一个过度追求完美、偏执狂、自卑、刻板、冷漠，不善合作的人。

虽然对父母来说，规矩的孩子比不规矩的孩子更容易被管理，确切说是控制。但是教育的目的不是控制孩子，而是给孩子一个宽松的环境，让他健康成长。立规矩的初衷本是保障孩子享有自由，但规矩太多，就陷入本末倒置的泥潭了。

比如，萌萌上幼儿园没多久就不愿意去了。妈妈了解后发现，是幼儿园的规矩太多。比如，不能在教室里说话，稍微大声点，老师就会提醒孩子会打扰别人。小朋友帮助了自己，必须说谢谢，如果没说，老师就会反复教。如果不小心碰了别人一下，老师也会要求孩子必须说对不起。如果吃饭的时候不小心洒了一点，老师也会不断提醒孩子。如果是上手工课，孩子没有在规定的时间内完成手工折纸，老师也会陪着，让孩子利用课下的时间去完成，不管孩子是否愿意。萌萌说，在幼儿园都不敢说话，怕挨批评，一点也不喜欢上手工课。

童年是一段特殊的时光，如果他在刚开始接触这个世界的时候，就需要处处谨小慎微，战战兢兢，去要迎合别人的要求，就会扼杀孩子的天性。正如尹建莉老师所说："这令年幼的孩子难以招架，疲于应付，成长的正能量被无端消耗，心理秩序被扰乱，更为严重的会导致孩子无法完成自我成长。"所以，需要给孩子立规矩，但必须减少约束。也就是说，在不必要制定规则的地方，适当减少规则。

那么，什么样的规矩应该保留，什么样的规矩应该减少或者清除？判定的标准就是，看规矩是有利于孩子，还是有利于父母。好的规矩应该是利于孩子，而不是父母为了方便自己管理而约束和限制孩子的。

父母可以扪心自问一下，自己的要求是为了方便管理孩子，还是真的为了孩子好呢？比如，你制定的不允许孩子饭前吃零食的规矩，是考虑孩子的胃容量小，吃了零食就会不好好吃饭。这个规矩的出发点是孩子的身体健康，为了孩子能养成一个良好的饮食习惯，属于值得保留的规矩。类似的规矩还有，睡前刷牙、少吃甜食等。即便是利于孩子的规则，也不应该太多，把孩子束缚得像个木偶。

那么，哪些规则是仅仅是为了方便自己管理的规则呢？举例来看，如不让孩子玩泥巴，因为嫌洗澡洗衣服麻烦；不让孩子学滑冰，怕摔着自己负责任；不许孩子自己吃饭，因为怕弄脏衣服和地面收拾起来费力。

如果规则太多，就要学会做减法。对涉及孩子健康、安全、道德等相关方面的规则，父母要给孩子制定规则，其余方面，可以尽量给孩子一些自由，至少让他自己做主管理自己。

当然，在教育孩子上，减法总是比加法难。处处以"规矩"来制约孩子，虽然表面上看起来很辛苦，但循规蹈矩的孩子好管理，能给父母最大的安全感，所以实际上要比对孩子放手容易。

孩子需要规矩，但需要适当的规矩，太多会让孩子丧失灵性。

7. 唠叨，削弱了话语的力量

制定了规则之后，很多父母怕孩子忘记，总是不断地叮嘱，不断地提醒，不断地督促。直听得孩子耳朵都"磨"出了老茧，只想用违反规则来回应。

有孩子说："我妈真的烦死了，一天到晚唠唠叨叨，一件事说100遍，放学我都不想回家。"另一个孩子说："我也是，上次就因为我忘记带一次课本，现在每天唠叨我，我快烦死了。"

唠叨一般分为重复性唠叨、批评性唠叨、关心式唠叨和随意性唠叨四种。

重复性唠叨：有心理学研究证明，老调重弹，反反复复说同样的话，会让人产生一种习惯性的模糊听觉，也就是明明在听，却根本不往心里去。这是长期重复听同样的声音而产生的一种心理上的不在乎。同时对父母的唠叨产生依赖感，慢慢地，父母不唠叨，孩子的事情就做不好。

批评性唠叨：容易加重孩子的心理负担，让孩子对自己越来越缺乏信心，甚至产生强烈的逆反心理。

关心式唠叨：因为总担心孩子吃不好，穿不暖，所以不自觉地唠叨。而且，当孩子表现出烦的时候，父母也很委屈。"我明明是在关心你啊！""我还不是为你好吗？换作别人，我还懒得多说一句呢！"

随意性唠叨：容易让孩子养成注意力不集中的习惯，孩子对需要记住的重要事情也常常当成耳旁风。

正所谓"杯满则溢"，你说得越多，孩子越烦，越不想做，最后失去了做事的积极性和主动性。

对于规矩，父母只需要适当提醒，而不需要唠叨。适当提醒是偶尔进行，并且言简意赅，没有责怪、警告的成分。提醒的后果是让孩子意识到该做什么，没有逆反心理，而唠叨则会使孩子厌倦、反感、苦闷。

父母喜欢唠叨，其实多半是对孩子不够信任，担心孩子做不到。比如，妈妈虽然制定了让孩子自己起床的规则，也买了闹钟，但还是每天早上不断唠叨，喊孩子起床，认为没有自己的提醒，孩子就会一直赖床。再比如，说好了6点开始写作业，还没到时间，妈妈就开始不断提醒孩子该写作业了。一旦拖延几分钟，妈妈的唠叨就会提高音量。

不断用唠叨让孩子遵守规则，等于告诉孩子，规则不重要，没有我的督促，规则就没办法执行下去。孩子就会认为，那既然这样，就不用管什么规则不规则了，反正都要被唠叨。

所以，一旦确定规矩后，就应该有意识地避免对孩子唠叨。

>>> 不要强行命令

多和孩子讲悄悄话，家庭语言的低声调是母子关系和谐的一个重要因素，也有利于避免气氛恶化。如果让孩子做什么事，可以用亲切的语言在他的身边轻轻地告诉他，尤其对幼小的孩子，这既是命令，又是感情的信任，悄悄一句话比你大声呵斥的作用大得多。

>>> 不要事事叮嘱

可以说，父母对孩子讲的话虽然多，但许多都没有讲到点子上。事无巨细，都反复强调叮嘱搞得家庭上下不得安宁，大人为孩子不听话而气愤，孩子在繁杂的语言环境里定不下心来做功课，结果适得其反。所以，做父母的不要老是怪孩子不听话，也应该静下心来想想，自己是否真的太唠叨。

>>> 用奖惩代替唠叨

有了规则，就用奖惩说话。比如，给孩子规定了起床后叠被子，就和孩子说好，如果能坚持每天叠被子，一周就能得到一件喜欢的奖品。如果做不到，就原地50个俯卧撑。结果，孩子为了拿到奖品，不用催就会主动叠好被子。当然，如果孩子坚持做到了，该给的奖品一定要兑现，不可以拿各种理由推诿。

>>> **最多说两遍**

如果需要提醒，父母也要谨记，最多说两遍的原则。比如，在孩子违反了一次规则后，找个恰当的机会和孩子沟通，明确表达自己的要求和态度，告知他做不到或者做错了的后果。最好一次沟通解决问题，超过两次，就会削弱话语的力量，变成无效的唠叨了。

提醒过程中，还要注意不要翻旧账，不要长篇大论，最好能和孩子一起通过沟通找到解决问题的方法。改变不是短时间内能完成的，父母要有耐心，不要试图用唠叨的方式去加快教育的效率。父母要学会在下了命令，或者立了规矩之后，给孩子足够的时间，让孩子慢慢适应。也许孩子在规则的初期表现不够好，因为每个孩子都有自己的成长节奏和规律，相信会慢慢变好的。

苏霍姆林斯基说："真正的教育始于有自我教育的地方。"让孩子进行自我教育的办法就是，用规则代替说教，让规则成为一种习惯。而一旦规则演变为习惯，父母就省心多了。

规则制定后，父母要做的是，定期检查，给予奖惩，让孩子慢慢学会在规则中成长。即便是要说，也要学会长话短说，不必要的话不说。记住，当没有了外界的干涉，孩子的自主性就建立起来了。

第六章

提高孩子执行规则的积极性

1. 爱与规矩并行，才能让孩子不排斥

管得太少和管得太严的父母在我们身边都不少见。管太少的父母认为，孩子的压力已经很大了，要尽量给他一个自由快乐的童年，放纵几年对未来也不会有多大影响。管太严的父母则认为，没有规矩，不成方圆。如果不能事无巨细地严格要求孩子，未来孩子怎么在社会上立足？

听起来这两个观点都有道理，但问题就在于他们把"爱孩子"和"立规矩"变成了单选题。这种非此即彼的选择，要么造成孩子不懂规矩，更不遵守规矩，要么让孩子变得循规蹈矩、谨小慎微。

规矩和爱本来是统一的，而非矛盾的。在《家庭教育》一书中有这样一段话："有规矩的自由是活泼；没有规矩的自由是放肆；不放肆是规矩，不活泼是呆板。"打个比方，就像用栅栏圈起来养羊，羊在栅栏里面悠闲地吃草，是规矩内的自由。如果羊跳出栅栏，就是违反规矩的放肆。放羊人如果在栅栏内控制羊不让喝水、吃草，那就是呆板。

同样的道理，我们给孩子立规矩是为了让他享受一定的自

由，这是爱。如果我们不设规矩，完全放纵，就成了溺爱。如果过度控制，则成了束缚，让孩子的天性受到了压抑和扼杀，这种爱和溺爱一样是贻害无穷的。

那么，在育儿的道路上，如何做到爱和规矩的统一？

>>> 保证爱孩子的前提

在绘本《我永远爱你》中，小熊阿力和妈妈有这样一段对话：

阿力："妈妈，如果我把枕头里的羽毛弄得满天飞，你还爱我吗？"

妈妈："我永远爱你，阿力！不过，你得把羽毛收拾起来。"

阿力："妈妈，如果我把画画的颜料洒在妹妹身上，你还爱我吗？"

妈妈："我永远爱你，阿力！不过，你得负责给妹妹洗澡。"

……

熊妈妈不厌其烦地保证，"我永远爱你"，同时又不忘强调让孩子为自己的行为负责，这才是理智的爱。而生活中，父母立的规矩，总是容易让孩子误以为："我犯错了，爸爸妈妈就不爱我了。"让孩子失去安全感。在惩罚孩子之前，请告诉孩子，不管他犯了什么错，你都爱他，这样才能让他有足够的勇气去面对和改正错误。

>>> 给孩子尊重感，而不是强迫感

好的规矩不是强迫孩子去遵守，而是让孩子乐于去遵守。比如，你明明规定孩子必须在9点之前睡觉，他却磨磨蹭蹭不肯

去。你是不是很火大？忍不住威胁他："如果你还不去睡觉，那周末就别想去动物园了。"这样的效果会让孩子非常沮丧，对规矩产生排斥心理。

当孩子不愿意遵守规矩时，父母可以先和孩子讨论他的感受和需求。问问他为什么不想睡觉，睡前喜欢做什么？然后，说出你的感受和需求，比如你工作一天累了，想要早点休息。最后，可以和孩子讨论一个解决问题的方法。比如，睡前讲一个故事，或者听一会儿西游记，再或者在床上玩一会儿……让孩子拥有建议权和选择权，让他感到被尊重，达成一致意见后，他更愿意去执行。

>>> **规矩不是冰冷的死教条**

给孩子立规矩之前，要考虑孩子的反应和态度，来判断规矩是否合适。如果不合适，就要及时做出适当的调整。

在规矩的实行过程中，父母的态度很重要。孩子不能体会那些教条，因为教条没有生命力。孩子能够识别和感受到的，是父母的脸色、语气和态度。当规矩遭到孩子的抵抗，父母要明白这是正常现象，避免使用暴力压制。如果没忍住，等双方冷静下来之后，可以和孩子进行一次充满爱意的沟通，向孩子表达真诚的歉意。

规矩制定后也不是死的。父母把规矩摆在亲子之间，无论什么情况都不允许打破，造成亲子之间难以沟通，会让孩子觉得你很冷血，根本就不爱他。

教育家蒙台梭利曾说:"有规则的自由,是真正的自由;建立在规则上的爱,才是真正的爱。"想让孩子享受真正的自由,就给孩子制定规矩吧。

2. 让孩子在游戏中学习遵守规则

年幼的孩子的理解能力和心理发育都不成熟,父母的唠叨、训斥、讲道理对大部分孩子的作用不大,那么如何让孩子明白规则的重要性,学会遵守规则?

柏拉图说:"游戏是一切幼子(动物的和人的)生活和能力跳跃需要而产生的有意识的模拟活动。"柏拉图对游戏的这个定义,诠释了游戏对于儿童教育的意义。孩子通过游戏学习并习惯于遵守规则,这有利于他们长大后树立遵守社会规则的意识。让孩子从游戏中学会遵守规矩,远胜于父母强硬的要求、物质的诱导。

比如,我们希望孩子看完书之后把书放回原处,可是孩子却总是做不到。父母就可以在孩子乱放书时,用游戏的口吻对他说:"书宝宝想回家了,你知道他的家在哪里吗?"如果孩子说知道,那就问他:"那你愿意送他回家吗?"如此引导,孩子都会高兴地把孩子放回原处。

孩子通过游戏体验到的规则可以分为两类:

一、游戏中衍生的规则。比如,角色扮演类游戏,其中的规则主要运用到孩子对社会常识的认知。比如,新郎、新娘、医生、警察都穿什么样的衣服，会做什么事情，说什么样的话。孩子在游戏中需要通过沟通自己决定如何分配角色，利用道具、设计游戏规则。孩子可以通过这一类游戏来理解人际关系上的纠纷，物资纠纷。由于规则受到参与者的认知限制，游戏规则往往多变且难度不一。

二、游戏本身的规则。比如，棋牌类游戏、捉迷藏等游戏，这类游戏具有竞技性质，游戏规则就是决胜的关键。但需要注意的是，游戏规则的设置必须绝对公平明确，得到所有参与者的认可，一经开始，绝不改变。瑞士儿童心理学家皮亚杰根据儿童的认知，将游戏分为感觉运动游戏、象征性游戏、结构游戏和规则游戏四类，其中，规则游戏就是这一类游戏，不同于角色扮演这一类象征性游戏中的规则，游戏者不可以随意改变规则。规则游戏中，规则是清晰而不容更改的，每个参与者都必须遵守规则。这种游戏有利于树立儿童认知中的规则性。

下面，为大家介绍三个关于规则的游戏，让孩子在游戏中学会遵守规则：

>>> **交往规则：转盘游戏**

家里有两个孩子，或者家里来了小朋友，难免会有冲突，如争抢玩具、玩法分歧等。为了避免冲突，父母可以和孩子玩玩转盘游戏。

这个转盘游戏就是在一个圆纸盘上划分出几个区域，每个区域上配一个解决矛盾的方法，可以用图画表示。如石头剪刀布、说对不起、商量解决、找一个替代玩具或者游戏、握手言和、冷静一会儿等。

父母可以教孩子在有了矛盾时，自行转动转盘，根据指针指示的方法处理问题。慢慢地，孩子不仅能掌握转动转盘的方法，还会想出更多处理矛盾的方法，也会淘汰掉一些不合适的方法，从而对转盘上的内容进行调整。

>>> **时间规则：钟表游戏**

时间对孩子来说比较抽象，他们很难理解什么时间做什么事。对此，父母可以和孩子一起制定数个时间钟表，每个钟表代表一个时间点，用时针和分针标好具体的时间，并配上应做的事情。比如一个标注 7 点 30 分的钟表，配上起床图。一个下午 5 点 30 的钟表，配的是写作业的图。把这些钟表按顺序贴在墙上，最好在上面再配一个真的时钟，方便孩子对比查看时间，然后匹配的时间点做应该做的事。

这样，不仅免去了父母用枯燥的语言提醒，将原来被动的行为变成主动的意愿，还能让幼儿通过比较钟面上的数字，感知时间的先后顺序。

>>> **遵守规则：暗号游戏**

父母可以和孩子事先制定规则，如爸爸说："冷却"，妈妈和孩子停止行动。孩子说："撤退"，爸爸和妈妈远离孩子 1 米远。父母可以通过和孩子商量暗号和发出命令的顺序来让孩子认同游戏规则。

这个游戏还可以进阶,爸爸说:"孩子说,进攻"没有说话的爸爸妈妈是同一立场,去捉孩子。孩子说:"妈妈说,撤退"没有说话的孩子和爸爸是同一立场,一起远离妈妈1米。如果谁说错了暗号,或者没有在接收到暗号后做出正确的行为,就会受到惩罚。

以上三个游戏可以根据实际情况灵活改变规矩。父母可以邀请孩子一起制定、升级规则,加深孩子对规则的理解和认同,保证孩子在游戏进行过程中自愿遵守规则。

3. 请孩子参与制定规则

孩子不愿意执行规则,多半是因为自己仅仅是被动的要求执行者。事实上,父母在制定规矩的时候,也的确没有考虑孩子的感受,甚至将其作为压制孩子合理要求和愿望的手段,让孩子觉得这就是"不平等条约""霸王条款",根本就不会有什么执行的欲望。就算父母自己觉得这个规矩很合理,但孩子也会感受到被约束,被管制。在强迫和命令中,只会产生敌意,甚至有孩子会挑战父母的权威,故意破坏规则。

就拿做作业来说,如果你每天都只是强调"我说多少遍了,放学后先写作业再玩""作业认真点,等会我检查"……对孩子而言,写作业只是完成老师和父母留的任务,这个时候,孩子往往呈现的是一种置身事外的态度。只有孩子把自己当成是完成作业任务的主体，并且是最重要的主体，他的大脑才会输出积极的信号，有意识主动去执行。

这个主动意识最主要的来源就是参与感，让孩子作为执行的主体出现。这就像一个调皮捣蛋的孩子总是违反纪律，而老师偏偏让他当了纪律班长，他的责任感就会被激发出来，不好意思再带头捣乱。制定规则也一样，如果让孩子参与进来，自己做主，更能激发他的主人翁意识，对执行就不会那么排斥。

父母可以和孩子一起商量规矩的内容，让他感受到自己的独特性和重要性。比如，关于放学后的时间，父母可以与孩子共同探讨一下每天回家后的时间安排。比如写作业、练琴等活动大概需要多少时间，每天看电视的时间，以及其他睡前安排。关于迟到，父母可以和孩子一起商量几点起床。让孩子先排列出起床到出门要做的所有事，包括穿衣服、上厕所、洗脸刷牙、吃早饭等，然后推算出所需时间，最后确定起床的时间。只要孩子安排相对合理，和你的预期相差不是太大，就应支持。

这就像一个调皮捣蛋的孩子总是违反纪律，而老师偏偏让他当了纪律班长，他的责任感就会被激发出来，不好意思再带头捣乱。同时，让孩子参与制定决策，还可以培养孩子的同理心，懂得体谅和照顾他人的感受。

那么，和孩子一起制定规则需要注意什么？

>>> **换位思考**

既然是和孩子一起制定规则，那么在制定规则前，就要换位思考一下。比如，在制定写作业的时间前，虽然你很想建议孩子放学到家立即写作业，但还是先想想自己下班回到家，是不是会立即投入到加班的工作中？是不是会先喝杯水，吃点东西，然后才打开电脑开始工作？既然成年人都有这样的感受，那么要求一个上小学的孩子，克服到家后想要玩耍的兴奋感，按部就班、踏踏实实的完成学习任务，是不是很缺乏同理心呢？

如果你把自己的这种感受和孩子沟通，并且询问孩子是不是放学到家先休息20分钟，然后吃点水果再开始写作业？相信孩子一定会非常感动，并且更愿意放学后稍微休息一下就开始写作业。

>>> **多用问句**

表达尊重最好沟通方式，就是询问对方的意见。在制定规则的过程中，可以多使用问句征询孩子的意见，比如"你觉得写作业的时候应该注意什么？"而不是"不要咬笔，不要玩橡皮，认真读题！"比如"现在我们吃完饭了，接下来该做什么？"而不是"吃完饭了，还不赶紧去复习。"

尽量少用祈使句，多用疑问句，一开始的时候，你可能觉得很累，甚至不耐烦，因为你要等孩子回答。但这个过程恰好是孩子由被动接受转换成主动思考的过程。从孩子自己嘴巴里说出来的话，会让他更有责任感，他会更加重视和愿意去照做。想想，"你要好好学习！"和"我要努力学习！"哪个更能激励自己？

所以，想办法让孩子说出自己的目标，给自己制定规则，而不是你给他一个目标和计划。

>>> **表达支持**

既然让孩子参与制定规则，就应该适当考虑采纳孩子的意见，而不只是做做样子，根本就没把孩子的意见当作一回事。如果最后还是你自己决定，那前面让孩子的参与就毫无意义，甚至还会起反作用，让孩子觉得你虚伪。

如果你真心想让孩子参与制定规则，只要孩子安排相对合理，哪怕和你的预期有点偏差，也应表示支持。

比如，关于放学后的时间，父母可以与孩子共同探讨一下每天回家后的时间安排。比如写作业、练琴等活动大概需要多少时间，每天看电视的时间，以及其他睡前安排。关于迟到，父母可以和孩子一起商量几点起床。让孩子先排列出起床到出门要做的所有事，包括穿衣服、上厕所、洗脸刷牙、吃早饭等，然后推算出所需时间，最后确定起床的时间。

不管最后达成的规则是什么，关键是孩子参与了规则的制定，感到自己受到了尊重，才会愿意执行规则。

4. 分析利弊，给出选择项让孩子决定

有些父母认为孩子懂得不如自己多，就习惯帮孩子做主，直接命令孩子去做某件事。有些父母想要让孩子学会自主选择，就把决定如何制定规则、如何执行规则的权利交给了孩子。

前者剥夺了孩子选择的权利。长此以往，孩子的自尊心受到打击，失去主动选择的能力，遇事只会说一句"随便""都行"。因为长期处于没有选择、被命令的环境里，孩子很可能处于逆反心理，故意违背父母制定的规则，变得不服管教。

心理学者门东萨和布雷姆在1983年做过这样一个实验：

将超重的儿童分为A组和B组。A组按照已经制定好的方案减肥，B组可以自己选择减肥方案。在实验进行的过程中，B组的孩子不断被提醒，减肥方案是他们自己的选择。两三个月之后，实验的结果已经显而易见了，能够自行选择减肥方案的孩子，他们的减肥效果比A组更好。

两位心理学者得出结论：当孩子能够自行选择如何做一件事情的时候，他们内心会有更多的动力去做这件事，而且对自己所做的事情充满责任感。所以，父母把选择的权利还给孩子，这会让孩子更加积极主动地去遵守规则。

那么，让孩子决定一切就是对的吗？后者看似没有问题，但其实是给了孩子无限的选择。孩子对事物和自身的认知都是有限的，做出决定可能只是出于一时的冲动和私心，这样的决定往往不具有可行性，或者实施的教育意义不大。父母如果一味地让孩子做决定，相比于漫天要价的孩子，有些孩子也会因为一时间面对太多选择而茫然无措，陷入纠结，从而放弃选择或者胡乱选择。

爸爸告诉琪琪，这个周末他可以陪琪琪出去玩，琪琪想去哪里都行。琪琪听到后很开心，提出要去动物园玩，但爸爸说周末动物园人太多了。琪琪又问可以去看电影吗？但爸爸说，现在没有适合小孩子看的电影。结果，琪琪觉得爸爸说话不算数，拒绝和爸爸说话。而爸爸也觉得女儿太任性了。

父母与其让孩子绞尽脑汁地想出什么时间写作业，明天穿什么衣服，再否定孩子的决定，挑起孩子的愤怒，让规矩的执行陷入停滞。还不如给孩子几个选择项，为孩子分析利弊，再让孩子自己选择。

爸爸妈妈决定给欢欢买一只宠物，但欢欢对选择什么宠物毫无头绪。妈妈提议去宠物店看一看。欢欢觉得小狗、猫咪、仓鼠都很可爱，她都想要。这时候爸爸说："买只仓鼠吧，便宜又好养。"欢欢有些动摇，虽然仓鼠也很可爱，但欢欢还是不想因为"便宜好养"就放弃其他小动物。妈妈看出了欢欢的为难，告诉孩子："小狗和小猫可以活十几年，可以陪着欢欢长大，如果买了小狗，欢欢就得每天遛狗、喂食。小猫虽然不用遛，但欢欢需要学会做猫食，换猫砂。仓鼠只待在盒子里，容易清洁，但它只能活两三年。"最终，欢欢在妈妈的分析下，选择了一只乖巧的小猫，并且向爸爸妈妈承诺会照顾好小猫的。

孩子对事物的认知是有限的，所以才需要父母分析利弊，给出选择项让孩子选择，这才是对**孩子最好**的尊重，同时，这也是保证孩子主动、积极执行规则的办法。那么，父母在为孩子分析利弊时要注意些什么呢？

>>> **父母要告诉孩子每项选择会产生的结果**

父母需要提前告诉孩子他的不同选择会产生什么样的结果，而结果需要孩子自行承担。当孩子知道自己在冬天选择穿夏天的裙子会感到难受、会生病时，孩子就会更加慎重地做出选择。特别是，在面临安全隐患时，当孩子能够预料到横穿马路、不系安全带会威胁到自己的生命时，孩子的选择就会自然会倒向能够保证自己安全的一方。

父母也要让孩子明白做出选择，影响的不仅仅是自己，还有周围的人。当孩子明白自己做出一项选择需要承担哪些责任时，在做选择的过程中就会更加理智，而不是完全只从自己的立场出发，或者一时冲动。

>>> **父母要保持客观、理智的态度**

父母要保证自己以客观的态度来帮孩子分析每个选择的实施难度，结果影响。也许孩子的选择在父母看来不是最优解，但父母也不能诱导孩子做出符合父母期待的决定。当父母刻意夸大某个选择的缺陷或优点，而不是站在孩子的立场上为他分析利弊时，因为获取信息的差距，孩子或许在一段时间内会按照父母的想法走。但当孩子具备了自主认识世界的能力的时候，孩子发现真相，就会失去对父母的信任，怀疑规则的合理性。

即使父母不赞同孩子的选择，但也要尊重孩子的选择。无论是刻意引导，还是无意识间让孩子看到自己的态度，都会影响自己自主选择的能力。父母在给出孩子选择项后，可以加上一句

"你来决定选哪个"来突出孩子选择的自主权,让孩子在执行规则的过程中意识到这是自己的责任,更加自觉地去践行承诺。

5. 培养孩子执行规则的技能

父母对孩子抱有期待,在孩子很小的时候就会给他制定很多规则:按时完成作业、每天做家务、给自己制订计划等。父母循循善诱,孩子则欣然接受,但孩子真的做到了吗?如果孩子做不到,规矩就形同虚设。

语文老师布置了暑假作业,要求孩子们背会20首古诗。这可愁坏了露露,她最不擅长背古诗了。妈妈知道女儿的烦恼,提出会督促露露背古诗,每天一首,20首很快就会背完了。结果,露露妈妈在第一天就爆发了。到了检查背诵的时间,露露背不出来。妈妈觉得是孩子不够努力,就盯着露露读了10遍古诗。妈妈都听会了,可露露还是不会背。露露看着妈妈越来越不耐烦的神色,不禁委屈地哭了出来,不愿意再去背古诗了。

很多父母看到孩子背不会课文、单词,学不会踢毽子、洗碗,就会要求孩子一遍遍地重复。当孩子一遍又一遍地重复着做不到的行为,孩子学会的不是百折不挠,而是在心里不断加深"我做不到"的认知。这就是"习得性无助",有些父母觉得自己很有你耐心,看到孩子不断失败,也会不厌其烦地说:"再来一遍吧!""妈妈相信你!""加油呀!"认为这是自己理解孩子、包容孩子的体现。但这反而会让孩子学会自卑,去惧怕、抵触总也做不对的事情,从而再也不愿意去尝试了。

有的父母觉得孩子很内向,就说:"你看他们玩得多开心啊,你去和他们一起玩。"但要求一个从没主动和其他人说过话的孩子,立刻和一群陌生的孩子打成一片,真的合理吗?父母不要提出一个对孩子而言难度很大的建议,这只会让孩子感到无助和恐惧。

父母为什么不能说"那里有那么多好玩的,你也去看一看。"孩子看到感兴趣的游乐设施,自然会吸引,慢慢走近其他小朋友的队伍,玩得高兴,就会和其他孩子一起笑,一起讨论。

父母让孩子执行规则,就要学会放下身段,看到孩子的难点。孩子做不到不要紧,父母主动去了解孩子为什么做不到,帮助孩子细化问题、解决问题才是让孩子执行规则最好的办法。

有些父母看到孩子一直做不到一件事,就会有顾虑:他真的做不到吗?还是他只是不想按照我说的做?父母在教导孩子时,会忽略一个事实,孩子不是大人,他们的理解能力和接受能力有限,加上父母的教育方法有问题,孩子一时很难学会一项新技能。父母如果教过孩子几次,没有成效就不耐烦了,孩子就会感到挫败、伤心。

>>> **亲身示范**

蒙特梭利女士曾在孩子面前示范如何擤鼻涕。她把一个擤鼻涕动作分解成几步,按部就班地做下去。孩子们竟然从头到尾一直紧盯着她，动作结束后对她报以热烈的掌声。原来看她示范的孩子们都曾因不擦鼻涕被批评，甚至被大人粗鲁地代劳。所以当他们看到蒙特梭利女士的示范后，意识到"如此简单的动作，我也可以做到。"收获到知识，而感谢蒙特梭利女士。孩子会想学会怎么自己做事情，当蒙特梭利女士耐心地示范给孩子看后，他们自然会认真对待，并不断在脑海里加深动作组合、顺序的记忆。

只是用嘴说，孩子是听不明白的。父母想要教会孩子一种技能，一定要亲身示范，教导年幼的孩子，做比说有用。而做给孩子看的动作一定要细致、易于理解。

首先，找到孩子想做的事情后，要把整个动作拆分成无数个小动作。

其次，把最主要的小动作按照顺序清楚地排列。

最后，按顺序做动作时不要说话，保证孩子集中注意力在动作的演示上。演示结束后，用简短的话总结要点。

分解动作示范时父母一定要有耐心，即使刚开始孩子对你的行为不感兴趣，也要在孩子面前反复多做几遍。但如果父母做了很多遍，孩子却依旧表现得兴致缺缺，或者毫不在意，这个时候给父母就要思考自己设计的动作是否足够简单易懂，这个动作是否是孩子感兴趣的，这个动作对孩子是否有教学意义等问题，从头再梳理，找到孩子真正的问题。

如果父母对要教导孩子什么动作没有头绪，不妨从生活技能方面的小事入手。比如,整理收纳物品、擦桌子、扫地等,这些都是父母立规矩时一定会要求孩子做的事情,父母可以在孩子面前刻意演示,也可以在自己做的时候让孩子在一旁观摩。经过长时间的观看,孩子慢慢就会学会父母的方法,进而去尝试。

>>> **复杂的问题简单化**

有些孩子认为很复杂的问题,父母需要帮助孩子把问题变得更简单。

古文古诗背不下来,孩子可能是不理解文章的意思、不会断句,或者是有其他问题。在搞清楚孩子的问题之后,再给孩子反复讲解明,直到孩子理解。

英语单词记不住,可能是因为孩子不会读单词,对单词没有理解。父母可以先教会孩子读音,分析词根词缀,看到一个单词就指出相应的物品或做出动作,让孩子把单词拼写、读音、具体的形象联系到一起。

父母可以树立很多规则来要求孩子执行,但也要及时发现孩子哪里遇到了难题,耐心地帮助孩子解决问题。只有这样孩子才会拥有执行规则的能力。

第七章

不吼不叫,确保规矩有效执行

1. 孩子弄坏别人物品，不要只会打和骂

很多父母会和孩子立这样一个规矩：到别人家里做客，不能乱翻人家的东西。但年龄比较小孩子精力旺盛，去到其他地方就更加兴奋了。任凭父母如何明示、暗示，孩子还是会克制不住自己跑起来，看到感兴趣的东西也想上手试一试。一旦碰坏了别人的东西，父母就会陷入一个难堪的境地，而身为罪魁祸首的"熊孩子"更要直面父母的怒火，被打骂是常有的事。

妈妈带着东东逛商场，东东看到新奇的物品就会去看一看，摸一摸。妈妈对孩子的行为习以为常，也不阻止。逛到一家美妆店，妈妈把全部注意力都集中在了眼前的口红上，把东东给忘到了脑后。这时，只听"啪"的一声，妈妈闻到了一阵好闻的香气，抬眼一看，竟然是东东把柜台上展示的香水摔碎了。妈妈赶紧走过去，一把扯住东东，一边和店员交涉怎么赔钱，一边大声训斥东东。已经被吓蒙了的东东听到妈妈严厉的声音，不敢说一句话，只能低着小脑袋小声抽噎着。

当孩子弄坏了别人的物品时，很多父母会选择打骂孩子。他们认为在别人面前教育孩子，可以让孩子感到羞耻，进而记住教

训。同时，也能让物品的主人看到自己的态度。但是，这样的处理方式会给孩子造成很严重的心理阴影。在其他人面前，特别是在公共场合打骂孩子或许能够让孩子认识错误，但更多的是伤害孩子的自尊心，造成孩子的低成就感，孩子会觉得自己不配得到父母的爱，变得越来越胆小、怯懦。而有些孩子则会出于逆反心理，死不悔改，不愿意再去遵守父母立下的规则。

父母如果真的想帮助孩子改正错误，在孩子弄坏别人的物品后，就不要只会打和骂这两招。

周末。聪聪和妈妈一起去超市采购。看到妈妈还在纠结买什么蔬菜，等得有些无聊的聪聪捧起一篮子鸡蛋就往购物车里扔，鸡蛋立刻碎得到处都是。聪聪的妈妈看到这种状况，第一时间走到孩子身边蹲下来，冷静地问他为什么要这么做？聪聪的回答是，看到妈妈再忙，自己就想帮妈妈把接下来要买的鸡蛋拿过来，但没想到鸡蛋是脆的，一摔就碎。妈妈听到聪聪竟然是想要帮自己，便没有去责怪他。妈妈牵着聪聪的手走到闻讯赶来的店员面前，先让聪聪道歉，然后支付了赔偿。

事后，妈妈告诉聪聪，这次的事是因为他没有好好放鸡蛋才会发生，下次注意，而赔鸡蛋的钱要从聪聪的零花钱扣。聪聪听完妈妈的话，沉默了一会儿，对妈妈承认了错误，并且承诺下次帮妈妈拿易碎的东西一定轻拿轻放。

父母的态度会影响孩子对事物的认知和今后的行为。所以当父母发现孩子弄坏别人东西是，不要盲目地责怪孩子，想着让孩子受到教训。在"熊孩子"已经成为一个贬义词的今天，父母更应该谨慎对待孩子的错误，认真倾听孩子的声音，做出正确的引导，避免因为自己的行为刺激到孩子敏感的心。

当孩子弄坏了别人的物品，打骂是不可取的。那么，父母需要做出怎样的反应，才能给孩子一个正确的引导呢？

>>> **父母自己先冷静下来**

没有人敢说自己从不犯错，大人尚且如此，更何况是懵懂的孩子。无论孩子是因为好心办坏事，还是因为顽劣无知而犯错。在遇到孩子犯错的情况时，特别是在公共场合犯错，父母首先要做到的就是保持冷静的头脑。不要让愤怒占据自己的大脑，也不要因为外界的眼光而迁怒孩子。

当孩子弄坏别人的东西时，父母不要急于下定论、打骂孩子。面对这种情况，父母首先要做的就是调节自己的情绪，要在确保自己的态度足够冷静客观时，再去询问孩子理由，根据孩子的理由来引导孩子如何道歉。

如果孩子是无心之失，父母就不需要过于苛责，和孩子解释清楚他错在了哪里，会导致什么后果，让孩子意识到问题就可以了。但如果孩子就是故意犯错的，父母就要去挖掘孩子这么做的深层原因，只有真正理解了孩子的想法，才能做出正确的引导。

>>> **父母要明确指出孩子的错误**

孩子弄坏别人的东西这个行为，绝对不是一朝一夕形成的。

父母应该多注意孩子在日常生活中的行为习惯和思想观念是否出了问题。父母需要和孩子保持密切的交流,及时了解孩子的变化,比如,觉得不学习很酷,喜欢别人的东西就可以触碰甚至讨要,看没见过的东西就想拿来玩……当父母发现孩子行为或者思想出现错误时一定要明确指出来,让孩子认识到自己的错误、避免再犯同样的错误,在潜移默化中为孩子树立规则意识。

2. 别不分场合地教育孩子

看到孩子犯错,很多父母都会忍不住立刻教育孩子,甚至在公众场合大声斥责孩子。有些父母为了不伤害孩子的自尊心,选择记下孩子的错误,等到没有外人在场再教育孩子。但很多父母都在不经意间踩了孩子的"雷点",教育不仅没效果,孩子也越来越不配合父母执行规矩了。

父母都知道教育孩子需要讲究方式方法,但选择教育孩子的场合也一样很重要。在不适合的场合教育孩子只会让孩子的身心受到伤害,抵触规矩的同时还会影响亲子间的关系。

很多父母信奉"堂前教子",认为在公共场合教育孩子,有助于让孩子更快速、更深刻地认识到自己的错误。所以,父母教育孩子不会避讳人多的场合或者有熟人的场合,甚至还有父母会刻意在熟人很多的场合提起孩子的错处,来一个当众揭短,利用外界向孩子施压,让孩子向自己承认错误。

或许有些孩子会迫于亲戚朋友的七嘴八舌低头认错，但多数孩子只会认为父母故意让自己下不来台，在羞辱自己。孩子的自尊心就会受到打击，甚至有些孩子看到父母对自己严苛的态度，只会认为父母是不爱自己的，也做不到自爱了。很多孩子看不到父母对他的善意和尊重，就会本能地反抗父母，即使真的犯错也不会真诚地认错了。

在孩子意识到自己的错误，开始悔恨自责时，如果父母出于让孩子记住这次教训的目的，反复重复教育孩子的话，一遍遍复盘孩子的错误。孩子面对这种情况，要么觉得父母借题发挥，要么觉得父母不相信自己已经知错了，不了解、不信任自己，渐渐与父母生疏。

此外，父母也不要在吃饭的时候教育孩子。餐厅是家庭交流互动的重要场所，父母经常会利用吃饭的时间来教育孩子，和孩子讲一些大道理是其次，更多的父母说着说着就会不自觉地数落起孩子一天犯的错。父母在餐桌上批评孩子，孩子原本愉悦的情绪就会变得低落、压抑甚至是愤怒。有心理学家研究发现，人的消化系统和情绪变化是成正相关的，情绪好则胃口好，情绪差就会没有食欲。孩子长时间在餐桌上被父母训斥，很可能导致孩子吃不饱或者脾胃虚弱，影响孩子的健康成长。

睡前也不适宜批评孩子。有些父母觉得睡前教育孩子，不用担心会影响到孩子学习的状态，但这样会让孩子在睡前陷入消极的情绪中，很容易引起孩子失眠、做噩梦，影响孩子第二天的状态和孩子的生长发育。

父母在孩子高兴和难过的时候同样也不能教育孩子。如果父母在孩子非常开心的时候打断孩子，劈头盖脸就是一顿训斥，孩子的情绪经历一个强烈的起伏，按照中医的观点，大喜大悲是非常伤身的。而当孩子的情绪已经很低落时，看到父母不但不关切自己的情况，反而还要批评自己，孩子本就无助的心只会更加彷徨，逐渐失去安全感。

孩子贪吃贪玩、受伤或者生病时，也不要数落孩子。生病时，人的心理会变得更加脆弱和敏感。这个时候被教训，孩子在心理上很难接受的同时，也会影响孩子健康的恢复。

如果有溺爱孩子的长辈在场时，父母最好也不要教育孩子，因为一定会被长辈打断。而孩子看到自己犯错父母也无可奈何，就会习惯于寻找长辈的庇护，导致父母和规则的威严尽失。当父母对于孩子的教育意见发生分歧时，也要立刻停止教育孩子。父母如果在教育孩子的过程中发生争吵，孩子会认为这是自己的责任，陷入内疚和恐惧之中，与父母之前的相处也会变得小心翼翼。

那么，怎样什么时候教育孩子才能既不伤害孩子，又确保规矩的有效执行呢？

父母要及时纠正孩子的错误。

前面提到在公共场合训斥孩子会对孩子造成严重的心理阴影，甚至影响亲子间的关系。所以有些父母就在公共场合轻轻放过孩子的错误。但孩子看到父母在公众场合不会轻易教育自己，就会变得肆无忌惮。所以，父母不能讳疾忌医。

当孩子在公众场合犯错时，父母可以用引导的方式教育孩子。比如，当孩子在商场里吵闹时，父母可以说"看旁边的小朋友都不吵，为什么呀？因为在公共场合不能大声喧哗。"孩子玩手机，父母也可以说"爸爸妈妈都不在车上玩手机，在车上玩手机影响视力，就看不清东西了。"父母要做的是劝说孩子主动放下手机，而不是一味地要求、指责孩子，把孩子推向一个难堪的境地。

还有些孩子记性不好，等到父母憋了一肚子火想要和孩子总结错误时，孩子早已经忘了这回事了。所以在那些不适合父母立刻教育孩子的场合里，不建议父母把教育孩子时间推迟得太久，看到孩子的情绪稳定，就可以针对他的错误进行教育了。

>>> 父母要转变教育孩子的方式

父母可以利用一些迂回的方式教育孩子，不直接点出孩子的错误，进行批评教育。父母在孩子犯错时，可以暗示孩子。父母要保证自己始终心平气和，用平时的音量给孩子陈述事实。比如，孩子偷吃零食导致拉肚子了，父母就可以说"我小时候肠胃不好，自己也不注意，你外婆不让我吃冰棍儿我就偷着吃，结果现在一吃凉的就胃疼。"这样的话说出来，孩子不仅知道了事情的严重性，还会意识到：爸爸妈妈知道我犯错了，但他们不忍心批评我。这样孩子就能够放松心情养病，同时也能体会到父母的良苦用心，接受父母的规劝。

3. 孩子耍赖，要学会冷处理

想要什么东西父母不给买，就和父母哭闹；遇到自己不想做的事情，父母非要逼着自己做，就哭闹加威胁；犯错了不想接受惩罚，就撒泼打滚地闹！

面对孩子的各种耍赖行径，有的父母会试图和孩子讲道理，讲不了道理就暴力镇压，换来孩子加倍的哭闹。看到孩子一直哭，怎么也劝不住，围观的人又越来越多，在心疼和丢人的双重暴击下，父母做出了一次又一次的妥协。而孩子则把耍赖当成了无往不利的武器，一不如意就用哭闹耍赖逼迫父母让步。

为什么所有的孩子都无师自通，能够熟练地使用耍赖这一"技能"呢？

当自我意识开始发展时，孩子就会喜欢拒绝别人的要求，倾向于表达自我。比如，父母拿出孩子最喜欢吃的零食问他要不要吃，孩子的回答"不"，但其实孩子是想吃的。但父母不理解孩子的小心思，直接就把零食自己吃了，孩子想再要一份也没有了，自然就只能通过哭闹来表达自己的情绪。

这个时候的孩子认为自己就是世界中心，想做的事情一定要去做，想得到的东西也一定要得到。当他们的诉求得不到满足时，就会本能地哭闹耍赖。

但父母如果立刻去哄孩子，孩子说什么都答应，那么就是在给孩子传达一个信息：哭闹是有用的。下次孩子遇到不顺心的事情，自然就会变本加厉了。但父母不可能永远满足孩子的要求，妥协和让步只会助长孩子的耍赖行为。

晓晓看中了一套娃娃礼盒，想要爸爸给她买。但娃娃礼盒太贵了，爸爸出门没带够钱，所以爸爸拒绝了晓晓。晓晓太喜欢这套娃娃了，见爸爸不给买，就委屈得哭了起来。爸爸劝了两句，晓晓就哭得更大声了，吸引了路人的围观。

晓晓爸爸一看事态控制不住了，就果断抱着晓晓去了停车场。爸爸和晓晓都坐在车里，晓晓坐在车里哭，爸爸坐在车里看晓晓哭。直到孩子渐渐止住了哭声。爸爸告诉晓晓："爸爸知道你喜欢那个娃娃，但上周你已经买过一个娃娃了，说好的一个月只能买一个玩具。想要的话，只能下个月买了。"

这位爸爸的做法堪称是教科书级的典范，遇到孩子耍赖，冷处理是一个很好的办法。孩子想要违反规则，但他的耍赖如果一直得不到大人的反馈，他就会知道耍赖对父母是不起作用的。父母自然也就在孩子心中树立了规则的权威性。

其实，孩子耍赖也是一个情绪爆发的过程，而儿童的情绪爆发是一个由高到低的过程。

第一阶段，孩子会认为一切都是别人的错，这也是孩子表达情绪最激烈的时候。

第二阶段，孩子就会意识到自己的行为是站不住脚的，进而感到后悔、羞愧等情绪。

第三阶段，孩子会在心里说服自己接受现实。

第四阶段，孩子经过了长时间的哭闹和思想挣扎，身心俱疲，情绪也会慢慢走向平缓。

这就是心理学上的"情绪山峰"理论。父母如果在第一个阶段用语言或者行为去干涉孩子情绪的发泄，要么助长孩子的气焰，孩子就失去了认识错误，改正错误的机会。要么增加孩子的愤怒，激化亲子间的矛盾。

而在第二个阶段，父母妥协则会让孩子就坡下驴，孩子会以为以后遇到这种情况，多坚持一会儿父母就会向我妥协。但如果父母教训孩子，就让孩子骑虎难下，本来只会闹2小时，现在由于对父母的逆反心理，又有动力再闹2小时。

所以，当父母对孩子的要赖行为进行冷处理的过程，也是让孩子自己消化情绪的过程。等孩子从"情绪山峰"下来时，父母再教育孩子，孩子也更容易接受。

父母在对孩子的要赖行为进行冷处理时，需要注意以下几点。

>>> 父母要始终保持"冷淡"的态度

如果孩子要赖，特别是在公共场合闹个不停，父母就可以把孩子带到一个没人的地方，任由孩子哭闹，一句话也不要说，直到孩子消停下来。

在这期间，父母一定不能表现出动摇或者心软的倾向，因为孩子哭闹其实是在试探大人的态度，如果父母给了他一丁点他想要的反应，他的哭闹就会愈演愈烈。但有些脾气烈的孩子，面对父母的不理睬，就会采取极端的方式来刺激父母，比如撞墙，打人等。但即使是这种情况，父母还是要装作不在乎的样子。

当孩子意识到无论自己做什么，父母都不会有反应，就会放弃这些行为了。

>>> **父母要一直陪在孩子身边**

在冷处理期间父母不能把孩子丢在一边，让孩子产生爸爸妈妈抛弃了自己的错觉，这样会让孩子感到恐惧，影响孩子的心理健康。父母要做的是安静地陪伴孩子，看着孩子哭闹，这样做可以防止孩子做出过激的行为，保证孩子的安全。同时也能增加孩子的安全感。

>>> **孩子平静下来后父母要跟孩子做好沟通**

父母在确认孩子的情绪已经平缓下来后，要帮孩子把整件事情梳理一遍，告诉孩子为什么父母不能满足你的要求，耍赖这件事的影响，下次遇到同样的情况应该做怎么做。父母要给冷处理做一个好的结尾，教育孩子的同时，也要去了解孩子耍赖的原因，是真的很想要这件东西，还是觉得父母的拒绝伤害了自己的自尊，或者父母拒绝自己就是不爱自己……父母需要根据具体原因做好引导。

4. 允许孩子说"不"

很多父母希望通过立规矩来让孩子变得更好，但往往在规矩执行的过程中，父母与孩子的"战争"就打响了：父母告诉孩子你要这样做，孩子用行动表示我就不这样做！可父母的想法是，自己费尽心思地为孩子制定规矩，孩子不领情不说，还和自己对着干。自觉一片好心被辜负的父母陷入愤怒的漩涡，家庭矛盾就这样爆发了。

很多人在夸奖孩子时，都喜欢用到"乖巧""孝顺"这样的字眼。在很多父母的观念里，孩子不听话就是一个贬义词，如果一个孩子不听父母的话，他将来很有可能不会孝顺父母；如果孩子不听老师的话，那他将来就可能变成一个学渣；如果一个孩子总对身边的朋友说"不"，就能看出他长大以后也必然桀骜不驯、不合群。故而，父母总把孩子说"不"当作一件非常严重的事，也不能接受孩子说"不"，特别是为了培养孩子而立下的规矩，父母更是不允许孩子说"不"。

还有些父母觉得自己给了孩子生命，也是自己为孩子提供良好的物质条件和关怀，而自己的人生经历明显比白纸一张的孩子更加丰富。所以，出于保护孩子，或者是培养孩子的想法，很多父母理所当然地要求孩子不能拒绝自己的安排。

李安导演曾经在接受采访时说过这样一段话："我觉得父母还

要人际关系，能够彼此相爱就够了，不必要制造一个阶级观念。"李安觉得，人们观念里的"孝顺"，其中包含着一个不平等的阶级观念，但它和"平等"的观念相冲突。父母和孩子的关系本质上就是人与人之间的关系，孩子和父母之间的关系应当平等的，不存在谁必须服从谁。

相信很多父母都会对这种言论嗤之以鼻。"父母难道会害你吗？"被孩子违逆时，父母通常会说出这样一句话。父母不会想要害自己的孩子，但不代表父母的言行不会对孩子的人生造成恶劣的影响。有些父母通过暴力的言行让孩子学会畏惧妥协，有些父母通过温情的关怀让孩子难以拒绝自己。各显神通的父母收获了听话的孩子，但孩子又收获到什么？

孩子会下意识服从父母的意见，违背父母甚至会让孩子产生负罪感。孩子的自我意识得不到尊重和发展，自我认同度低，孩子就难以表达自己的感受，坚持自己的选择。有些孩子因为父母已经在他们心中树立了一个权威的形象，他们会畏惧权威，不敢质疑和反抗，变得逆来顺受。甚至极端一点，孩子一直没有权利说"不"，在无法自主的时候被迫接受父母的控制，但当他自我意识觉醒，有了反抗的能力的时候，他会不会反抗呢？可悲的是，当顺从已经成为一种行为习惯，孩子再想改变，也没有能力去改变了。

其实，当孩子会说"不"的时候，就代表着他意识到自己是独立于父母之外的存在。孩子和父母之间的边界产生了，健全的人格，健康的社会关系都将由此慢慢形成。对孩子而言，父母接受自己说"不"，就意味着父母尊重自己的想法，自己有自主选择的权利。

很多父母看到孩子不愿意与小伙伴分享，就会觉得孩子太小气，甚至为了挽救丢面子而逼迫孩子去分享。其实在孩子2岁之后就有了"物权意识"，她会觉得一切都是自己的东西，这是孩子心理发展的正常表现。这时候的孩子做出拒绝分享的行为，并不是大家理解的品行上"自私、吝啬"。父母如果一味地用规矩和大道理压制孩子的天性，只会让他觉得自己没有物品的所有权，更加牢牢抓紧得到的东西。

了解孩子的心理活动，理解孩子为什么说"不"，允许孩子说"不"是每位父母的必修课。

>>> 父母应当减少对孩子的精神施压

父母戒掉一些让孩子感到压力的话，比如"我这一辈子都是为了你""不听话养你有什么用"等让孩子有精神压力的话。《双向养育》这本书中强调了父母和孩子的双向成长，父母养育孩子时，不能只把注意力放在孩子身上，自己的发展同样重要。父母与其让孩子背上道德枷锁，不如用自己的行为思想给孩子带来更好的熏陶。父母要注意自己在孩子眼里的形象，有责任心、有边界感、懂得相互尊重，乐于追求自我价值的父母，一定是远远胜过整天对着孩子长吁短叹的父母。

>>> **父母要尊重孩子的想法**

当孩子说"不"的时候,父母要主动去问孩子理由,引导孩子表达真实的想法。父母要善于分析孩子拒绝自己要求的动机,适当地反思自己订立的规矩是否合理,还有没有可以改善的地方。父母有权利,也有义务去教育孩子。但这不意味着父母可以无视孩子的想法。毕竟人生的道路只能由孩子自己走,父母不能替他们做好一切,这是剥夺了他们选择人生的权利。

>>> **父母要教会孩子说"不"**

当孩子已经有了不好意思拒绝他人的倾向,父母要告诉孩子不必因为担心别人的评价而认为拒绝别人是一个自私的行为,忽视自己的需求和意愿。

同时,如果孩子的"不"并不合理,父母也要拒绝。父母可以把这当作示范,让孩子明白说"不"不是拒绝一个人,而是拒绝一件事。教导孩子要根据具体事情和自己的想法来决定是否要拒绝,学会礼貌而坚定的拒绝。

5. 屡次提醒,孩子仍不守规则该怎么办

看到孩子不遵守规则时,大多数父母会不厌其烦地提醒。但如果一次、两次、三次,无数次的提醒之后,孩子依旧把提醒当作"耳旁风",从前犯过的错误现在依旧在犯,父母要么失去耐心,暴跳如雷,要么束手无策,只能在孩子犯错时继续提醒。

屡次提醒，孩子还是不遵守规则，这让无数父母气得牙痒痒。但为什么会出现这样的状况呢？

小伟放学回家，看到妈妈正在招待自己不认识的客人，就呆呆地站在门口。妈妈看到孩子木愣愣地站着，忙说："小伟，还不过来打招呼。"小伟听到后只好走到妈妈身边给大家鞠了个躬。妈妈见状又不满了，说："你这孩子，叫人啊。"小伟小声说："叔叔阿姨好。"然后就喊了一句："我去写作业了"，跑回了自己的房间。妈妈摇摇头，对客人说："这孩子，就是不懂事，你们别介意。"

事后，妈妈教训小伟说，下次家里来客人机灵点，嘴甜点，不要一戳一蹦跶。但小伟还是理解不了妈妈所谓的"机灵""嘴甜"到底要怎么做。

首先，孩子不愿意听从父母的提醒，很大程度上是因为孩子没有认识到自己的错误。听到父母说你违反规则了，不要这样做，孩子自然会立马改正，但下次还犯。久而久之，父母就会对孩子生气。父母觉得孩子的错误显而易见，但年幼的孩子对事物的认知尚不健全，父母不能把孩子的错误分析透彻，再加上很多父母提醒时过于情绪化，孩子急于通过认错来平息父母的怒火，对于自己的错误还是一知半解，而父母却认为通过自己的教育孩子已经认识到了错误。

其次，父母过于关注孩子不遵守规则的原因。当孩子违反规则时，往往父母问的第一句话是"你为什么要这么做？"父母想要了解孩子不守规矩的动机,这本来没有错。但如果父母只关注孩子的动机,得到理由后简单地训诫两句,而不去和孩子强调违反规则这件事本身是错的,是一定要改正的,孩子也会顺着父母的逻辑忽略行为本身的错误。甚至有些孩子会摸索出父母的行动规律:不守规则先找原因,有了能应付父母的理由,不守规矩也能被轻轻放过。同一个错误,如果孩子知道无数种原因,那孩子自然可以犯无数遍相同的错误。

最后,父母的提醒对很多孩子来说只是唠叨。父母提醒孩子的时候常常以"下次注意"作为结尾,孩子没有尝到不遵守规则的后果,只会把父母的反复提醒当作唠叨。久而久之,在孩子心中父母和规则的威严就都丧失了。

父母屡次提醒,但孩子仍不守规矩。如果孩子适应了这个状况,就会慢慢对父母的建议产生免疫,不再重视。有些孩子出于父母的多次重复的厌烦和抵触,明知道自己犯了错,却知错不改。还有些孩子一直面临着父母的提醒,但就是无法改正错误,渐渐就会失去信心。而父母面对一个"刀枪不入"的孩子,情绪起伏只会越来越大。渐渐,亲子间的矛盾就产生了。

其实,父母想要让孩子遵守规则,需要的不仅仅是屡次提醒,提醒也要注意方法。

>>> 父母要让孩子认同自己的提醒

很多父母都把奖励、惩罚甚至是威胁当作对孩子的提醒。比如,"如果你好好刷牙,就可以看10分钟动漫。""不写作业就去罚站！""如果你再这样做，就不会有人喜欢和你一起玩了。"奖励和惩罚起到的作用只是一时的，还会让孩子把注意力从遵守规则转向奖励和惩罚本身，而不是让孩子意识到自己错在哪里，如何改正。

而威胁孩子的效果可能比惩罚和奖励维持的时间更长，但对孩子的伤害也更大。父母一直是孩子成长的后盾，但当父母也开始威胁孩子时，就会让孩子长久陷入恐惧的状态，变得精神紧张而敏感，缺乏安全感。长此以往，孩子就会养成怯懦的性格。

父母提醒孩子时一定不要只是知道孩子怎么做，还要让孩子明白自己设立规矩的目的，孩子不守规矩的影响。孩子只有内心认同父母的提醒，才会积极主动地遵守规则。

>>> 父母要把对孩子的提醒具体化

父母需要把笼统的要求变得具体。比如，好好刷牙。父母可以给孩子播放一个正确刷牙的视频，并且提出要求：刷牙前要先漱口、刷够3分钟、牙刷顺着牙缝刷……上课认真听讲可以换成：上课时视线要盯着老师、黑板和课本，不许看其他的东西。遇到听不懂的而地方就画圈，下课向老师提问。

如果孩子很小的话，父母还可以把要求记在纸上，时时刻刻提醒孩子。父母也可以给孩子示范几遍正确动作是怎么做的。父母要确保自己的提醒孩子是能够理解的，孩子是掌握了改正的行动的。

6. 用说"是"的方式训练孩子的自控力

很多父母在给孩子立规矩时面面俱到，孩子也执行得有模有样，父母自以为通过这些条条框框让孩子养成了良好的习惯。但如果父母离开孩子的视线，孩子就会把这些规矩抛到脑后，即使已经了解到这些规矩对自己是有好处的，但孩子还是会去做自己更想做的事情。

父母一定很困惑，自己都是按照育儿类书籍教的去立规矩，保证科学合理，为什么这一套规矩执行下来，孩子连最起码的自律都做不到？

很多孩子在执行规则的过程中缺乏自控力，问题很可能是出在父母和孩子的沟通上。如果孩子向父母表达自己的想法，父母想要拒绝孩子时，是不是只会说出拒绝的话？"这样做不行。""作业不能不写，写完才能玩。""书买了你也不会看。"这些否定孩子的语言无法从根源满足孩子的需求，还会加剧孩子的负面情绪。当孩子知道自己改变不了父母的有意见时，就只能服从父母的决定。但如果孩子并不认同父母立下的规矩，一旦父母离开，孩子就会立刻忘记或者忽视这些规矩，这也就是孩子没有自控力的表现。

到了吃饭的时间，卉卉还坐在沙发上吃东西，母亲对卉卉说："快吃饭了，不许看电视。"吃饭时，卉卉对着一桌子菜只夹自己喜欢的红烧肉，母亲说："不许挑食，多吃青菜。"吃完饭，卉卉想要继续看电视，母亲说："别光顾着看电视，去学习。"卉卉只能坐到书桌前，对着课本发呆。看到母亲去厨房洗碗，卉卉立刻把电视打开，调成静音，津津有味地看了起来。

卉卉这么做难道是因为她贪玩、不听话吗？不是的，母亲在和卉卉吃饭的过程中，一共说了三次"不"来命令孩子去做其他事情，可以说孩子干什么，她就不许孩子干什么。没有人能够接受自己一直被否定，特别是处于心理成长过程中的孩子。当人被否定时，就会产生"自我价值保护倾向"，更愿意和赞同自己、支持自己的相处，抵触贬低、否定自己的人。孩子如果频繁被父母否定，只会认为父母在和自己做对，和父母产生隔阂，而忽视了需要遵守的规则。

如果父母习惯于通过否定和拒绝孩子来保证规矩的有效执行，这只会降低孩子对规矩的认同感，执行规矩也只是对给父母的应付了事。长此以往，孩子会认为只要没了父母的督促，规矩就没有执行的必要，渐渐孩子自控力不足的表象就会变成习惯，自控力不足的孩子往往难以做到坚持、专注，进而影响学习和生活。而长期被否定和拒绝的经历会降低孩子的自我认同感，影响孩子的心理健康。

而父母想要孩子能够自觉，自律地遵守规矩，就应该放弃否定式沟通，把日常对话中的"不"换成"是"。所谓说"是"，不是要父母事事顺从、满足孩子，用赞同的方式来拒绝孩子的要求。

>>> 父母可以用延迟满足来代替拒绝

20世纪60年代,美国斯坦福大学心理学教授沃尔·米歇尔曾经主持了一个著名的实验。

工作人员从幼儿园找来了几十个孩子,在他们面前摆上棉花糖、巧克力、曲奇等奖励给他们提供了两个选择:一、孩子可以立刻得到一份奖励。二、15分钟后等到工作人员回来,孩子可以得到两份奖励。然后,工作人员离开,让孩子独自思考选择哪一个选项。

1981年,当人们追踪调查曾经参加实验的孩子的近况时,发现能够为喜欢的奖励等待更长时间的孩子,在未来的人生往往会有更好的成绩,身体也会更加健康。

由此人们得出结论:能够延迟满足,懂得自控的人,普遍生活得更好。

当孩子向父母提出某项要求时,只要不是过于离谱,父母都可以同意,只不过把同意推后。比如,孩子想要看动画片,父母可以同意孩子的要求,然后告诉孩子想看动画片可以,但是不是现在,你只有先做某一件事(时间不要过长,让孩子看不到实现的可能)完成之后才可以看动画片。

父母不立刻满足孩子的愿望,让孩子只有在经过等待才能获得想要的东西,当孩子适应等待,自控力也会慢慢形成。

>>> 父母可以用任务代替否定

父母可以提前了解孩子的愿望,把愿望设置成孩子完成某项任务的奖励。比如,父母不许孩子边吃饭边看电视,不许孩子睡前吃零食等。父母可以列一张表格，写出专心吃饭等规则，孩子做好一件事，父母就可以在表格上贴一张小红花；孩子做不好一件事，就去掉一朵小红花。当小红花达到和孩子约定的数量，父母就可以兑现奖励了。

用这样的方法，不仅可以让孩子在潜移默化中理解并牢记需要遵守的规则，还能够让孩子意识到通过自己的努力去做一件对的事情才能收获更多，有利于激发孩子遵守规则的积极性。

7. 不可缺少的环节：监督

想要孩子执行规则，监督是必不可少的环节。有的父母可能会说，监督孩子是不对的。教育孩子应该给孩子足够的尊重，自由和爱。但自由从何而来呢？乔布斯给出了回答：从自信来，而自信则是从自律来。但当孩子养成自律的习惯前，父母就应该通过监督来确保孩子执行规则。

自律能力也就是自我约束的能力，它并不是先天就有的，而是在后天环境中，随着孩子的心理和认知的发展，外界的刺激和教育而逐渐形成的。所以，父母不要觉得监督是没有必要的，合理而有效的监督能够确保孩子执行规则，提高孩子的自控力，让孩子在将来可以抵制对他有吸引力的东西，排除干扰，更好地学习、生活。

但监督并不意味着一直盯着孩子，或者说监视孩子。曾经有孩子因为父母在自己的房间安装摄像头，怒而报警，在网络上引起热议。父母要注意监督的分寸，让孩子意识到父母的监督是帮助，不是干涉和对抗，否则父母的监督只会让孩子产生抵触心理，进而有意识地对抗父母立下的规矩。

在《心理学公报》上的一项研究中，杜克大学的学者发表了一篇关于父母监督孩子完成作业的报告。报告中比较了两种检查作业的情况。一种是父母定下规矩，要求孩子在一个固定的时间段、固定的地点完成某项作业。另一种是父母要求孩子自己决定如何完成作业，父母本人只负责检查作业的完成情况和质量。

这项报告的结论是，后者的监督效果明显要有优于前者。监督并不是一味地让孩子执行自己的命令，能够培养孩子独立自主能力的监督才是保证孩子学习效果的好方法。

在监督孩子时，父母不要把孩子当作犯人，一有风吹草动就立刻把视线投向孩子。这样的行为会让孩子觉得父母入侵了自己的空间，想要监视自己、控制自己，进而引起孩子的反感和抗拒。而有些孩子看到父母一直被自己的一举一动影响，为了吸引父母的注意，还会故意做出一些违反规则的行为。

那么，怎样的监督才能保证孩子执行规则呢？

>>> 父母可以让孩子在短时间内完成一项任务

父母可以提前预估一下孩子完成某项活动的时间，然后让孩子在规定的时间内完成，时间不要过长，这样孩子的注意力容易分散，完成任务的积极性也会降低。时间到了，父母就需要进行监督了：检查孩子的完成任务的情况，如果孩子完成任务，父母可以给孩子提供一些小奖励。比如，看 10 分钟视频，吃一个零食等。

>>> **父母可以在孩子分心的时候提醒孩子**

孩子在家里会比较放松，很难像在学校里一样保持专注的状态。这个时候就需要父母的提醒督促了。但父母要注意，不要一看到孩子有分心的苗头就马上出声，可以让孩子开一会儿小差，做一些别的事情。如果孩子过一两分钟能够自己调整过来，父母就不需要过多的干预。但如果孩子一直不执行规则，父母可以给孩子一个眼神或者一连句话作为提示，不要动辄批评、指责。

>>> **父母的监督要有侧重点**

父母需要了解自己应该重点监督孩子的哪些行为，根据父母对孩子日常表现的评估来决定侧重点。在之前提到的杜克大学的报告中，还有这样一个结论：

父母在监督孩子完成记忆性作业时，孩子不会体验到更好的学习效果。当父母去监督孩子背课文、背单词时，他们所起的作用可以说是和学校老师的作用相差无几。

父母在监督孩子完成考察创造力的作业时，孩子的收获更多。当孩子需要搜集知识，得到不同角度的观点，把理论应用到实践上时，父母的监督不仅能够起到帮助孩子解决问题的作用，保持良好的亲子关系，还会提高孩子的学习兴趣和学习能力。

所以，父母在监督孩子背诵时，完全可以让孩子自己背熟之后来找自己检查，离开孩子的视线范围。而当孩子做数学题或者社会实践的时候，父母可以一直陪伴孩子，在孩子求助的时候给孩子一些建议，形成亲子间的良性互动。

8. 自然惩罚法，让孩子承担后果

所谓自然惩罚法，顾名思义，就是孩子违反规则、犯错，所带来的自然后果，而不是父母给予的惩罚。比如，美术课忘记带画笔，自然后果就是无法正常上课，或者被老师责罚。再比如，该吃饭的时候，孩子不吃饭，自然惩罚是饿肚子。这里提醒父母，不用担心，孩子饿一顿，不会对身体产生什么负面影响。

相当于父母的主动惩罚，教育专家更提倡使用自然惩罚法。因为当孩子承受自然后果时，获得的不愉快体验，会引发孩子的悔恨情绪，刺激孩子自愿主动改正错误。

著名儿童教育家孙云晓的女儿上小学的时候，爱睡懒觉。每天早上，三番五次地催，她也不愿意起来。迟到挨了批评后，女儿还会回家怪罪自己。

孙云晓决定改变这个局面。12点了，也不会叫女儿。最开始的几天，她不适应，闹钟一响，手一抬，就关掉了，结果照样睡过头。孙云晓夫妇也不去叫她，任由她上学迟到，她自己也没话好说。几次下来，她开始想办法防止睡过头，先是在房间里放两个闹钟，后来又把闹钟放到手够不到的地方，必须要起床才能让闹钟停止。

不到一周，她彻底改掉了赖床的习惯，再也没有迟到。

孩子不守规矩，是因为他不必为这件事负责，既然不用负责，何必辛苦去守规矩？那不妨让孩子自己去接受自然惩罚，承担发生的后果。当疼在自己身上，当然会被重视起来。

早上，不喊孩子起床，让他迟到一次，就不敢再睡懒觉了。不帮他检查书包，忘记了带课本或者文具，被老师批评一次，下次就会长记性了。不逼他写作业，作业完不成第二天被老师罚站，他就知道回家先写作业后看电视了。

蒙特梭利说："孩子天生就会改进自己的行为，而且他们也喜欢这样。"因为在自然惩罚中，孩子虽然也有不好的体验，但那只是单纯的违反规则引发的后果，他会觉得承担是理所应当的，不会产生反感。而且，没有父母的愤怒、指责，也会让孩子松一口气，觉得这是自己的事，自己应该担起责任。

自然惩罚简单，省力，有效，合理运用可以提高孩子的责任心，形成良好的行为习惯。但是，它也并非万能，在运用的过程中还需要注意以下几点。

>>> **以健康和安全为前提**

能使用自然惩罚的行为，应该是那些危害不大，又能给孩子敲个警钟的行为。自然惩罚带来的结果，如果会危害孩子的身心健康，甚至带来危险，那果断拒绝。比如，玩插座、玩火、靠近热油等带有危险的行为，不可以使用自然惩罚法让孩子去尝试，代价太大，承受不起。

>>> **及时引导**

教育的目的不是让孩子犯错，受到惩罚，而是让孩子懂得如何避免犯错。当发现孩子不想遵守规则，在错误尚未形成之前，父母可以及时引导孩子，告诉他这样做可能会产生的后果。比如，告诉他不吃饭，等会饿了绝对不可以吃零食。让他通过权衡，做出要不要继续违反规则。如果他不肯接受引导，就让他去接受自己的选择所带来的自然后果。

>>> 减少干预

既然决定采取自然惩罚法，让孩子承担自然后果，就不要过多干预，以免再次让孩子误以为这是父母的责任。而且，如果在孩子承担后果后，父母再过多干预，会让孩子感受到受了额外的惩罚，因此产生怨恨心理。

>>> 不要孤立使用

自然惩罚法仅仅是让孩子体验到了，自己的某些行为导致切身利益受到损害，然后被迫去改正。这很容易让孩子在做事时，只把是否给自己带来不利影响作为判断标准，养成"这件事对我不利，我不做"的习惯。而忽略是否会给他人、集体等带来不良影响，甚至做出危害别人利益而利己的行为。最终，形成以自我为中心的利己主义。

所以，不要因为这个办法在某件事上效果明显，就无限夸大并使用。在教育孩子的过程中，没有一种方法可以孤立使用，应视不同情况，结合其他惩罚放弃一起使用，才能培养一个健全人格的孩子。

第八章

从他律到自律,让遵守规则成为习惯

1. 主动降低期望，激发孩子自律

记者采访被越南关押 8 年的海军上将斯托克代尔："你的同伴中最快死去的人是哪些人呢？"上将回答道："是那些满怀期待的人，他们盼望着在圣诞节被释放，却没有被释放，于是他们又盼望着复活节、感恩节，结果一次次失望，郁郁而终。"期望值越大时，失望就可能越大，这个道理同样适用于孩子的成长教育。心理学研究表明，父母给出的期望目标，只在孩子愿意实现并且能够实现时，才会产生激励作用，更好地让孩子从他律过渡到自律。

他律和自律在家庭教育中的区别非常明显。他律的行为管理方式是父母为了让孩子达到心中的预期水平，通过监督、约束和控制等方式对孩子的行为进行客观干预。而自律则是孩子在没有父母的监督下，摆脱懒惰、拖延等坏习惯的影响，充分发挥主观能动性，按照孩子自身的愿望，自觉践行自己认可的行为准则。

自律能力建立在孩子的主体意识觉醒之上，而非建立在父母极高的期望之上的，这就意味着比起父母的他律，拥有自律能力能推动孩子在未来走得更远。明代大学士徐溥年少时，在桌子放置了两个瓶子，每做一件善事就往一个瓶子里放一颗黄豆；反之，如果自己犯了错、言行不妥，就会在另一个瓶子里放一颗黑豆。起初，黑豆数量远多于黄豆，他不断自我反省并改正，坚持约束自我，后来，黄豆的数量越来越多。有了自我约束的能力和严于律己的精神，徐溥的仕途格外顺畅。

自律能力是人生中不可或缺的人格力量，只有自律，才能达到别人难以企及的高度。

但是，在现实生活中，父母对孩子往往怀有更高的期望，给孩子的约束也就更多。如果孩子并没有达到父母的期望，父母就会加剧对孩子的约束，孩子则会越来越被动，失去自主性，甚至开始叛逆。即使在父母的管教下，孩子在短期内表现乖巧，但这种被父母逼出来的自律，也不是真正的自律，更不能受益终生。

而且，过高的期望，不切实际的目标，也会让孩子陷入怎么努力也无法完成的无能感中，进而失去积极性和主动性。与之相反，对孩子来说，父母恰当合理的期望，就像跳一跳就能摘到的红苹果，是一件诱人又有趣的事，他们乐于去做。

所以，父母应适度调整期望值，给孩子设置恰当的目标，让孩子相信自己能做到，产生胜任感。这种胜任感可以激发孩子自主积极行动，不用父母催促唠叨。同时，恰当合适的目标也能激活孩子的内在动机，让孩子在努力过程中更加自律。

父母要怎样主动降低期望值，激发孩子自己形成自律精神呢？

>>> **主动和孩子沟通，降低自己的期待**

父母要放下自己主观的期待，平和有效地与孩子沟通，了解孩子的真实需求，明确知道孩子的想要和不要，不妄自揣测、评判孩子的想法。当孩子想要拓展兴趣时，就给孩子提供一个平台；当孩子想出去玩时，就带孩子去旅游见识更美的世界。

父母降低自己的期望值，也是间接尊重孩子的主观意愿，孩子的期望得到满足，身心才能健全发展。有效沟通能拉进父母与孩子的距离，规避成长中"望子成龙""望女成凤"的他律压力。提升了孩子的幸福感，才能激发孩子积极自主的自律行为。

>>> **把对孩子的期望放到自己身上**

与其对着孩子的表现唏嘘感慨，把压力施加在孩子的生活中，父母更应该弱化寄予在孩子身上的高期望，转移注意力，提高对自己的期望，强化自身的高要求。父母可以酌情报名参加各种技能考试，开拓出丰富的兴趣爱好；也可以不断挑战有难度的工作任务，释放育儿的压力；还可以关注学习如何调节家庭中的各种关系，构建更好的家庭氛围。

父母在学习、工作、家庭等方面多多努力，既能缓解对孩子的施压，还能起到模范效应激励孩子自律。

>>> **寻求多方的专业帮助与合作**

当父母难以找到合适的降低期望值的方法时，不妨多浏览各种育儿书籍，积极寻求学习、专业机构等外界力量的帮助，通过学习和分享找到合适且专业的方法，来平衡父母和孩子的关系，让父母少一些期望，让孩子能多一分自律，走出育儿困境。

2. 孩子的事，忍住！别插手！

在《少年说》这档节目中，一个名叫郝睿涵的女孩登上天台对父母敞开心扉，说自己是一个"高商低能"的孩子，想要成为自主独立的人。她说，由于母亲生自己时十分危险，家里人就格外保护她。睿涵初二才开始学着自己穿衣服，高中了还不会使用筷子。在家人的包办代替下，她丧失了基本的生活自理能力，生活和社交常常碰壁。

这些父母不愿意放手，一直插手孩子的事是出于怎样的心理呢？有些父母认为孩子还没有长大，理所应当地觉得可以一直管下去；有些父母觉得孩子是自己生的，自己有资格去插手孩子的人生；有些父母则是把所有的期望寄托在孩子身上，所以步步都在旁边盯着看护着，生怕孩子有一点闪失；还有些父母性格比较强势，习惯掌控和插手孩子的想法。这些随意支配孩子人生的父母，也许的确在孩子身上倾注了很多心血，但结果也只是感动了自己，害了孩子。

父母过多的插手孩子的事，会剥夺孩子的成长权。无论孩子长到多大年龄，永远都是一个需要父母帮助的巨婴。一位74岁的老奶奶在马路上请求路人的帮助："能帮我的孩子找个工作吗？

他是个海归硕士呢。"实在令人唏嘘。当父母替孩子完成了生活中的任务，孩子做事时就会习惯性求助于父母。缺少父母的帮助，就失去了自己思考、自己操作的能力。他们甚至会把自己遇到的一切问题，无法合作、不会解决问题、难以与人相处等所有责任，都归咎到父母身上。

当父母学会放开手，孩子才能长大，有勇气、有能力独当一面。郑州大学的心理学博士耿耀国说过，孩子的自主性从1岁左右就初见萌芽了，在3到6岁进入自主性发展的高峰期。雏鹰起飞离不开鹰妈妈的狠心，孩子的独立离不开父母的放手。父母越早放手，孩子就能大胆地迈出尝试的每一步。孩子自己做出决定，就有更强的责任意识去做好一件事；独立完成一件事也能教会孩子在复杂的情境中做出明智的选择。因此在幼儿教育中，父母要注重培养孩子独立性的正确时段，在该放手的时候就**别插手**。

和孩子各自拥有独立空间时，父母也才能更好地提升自己，得到孩子的信任和尊重。父母尝试着放下插手孩子人生的想法，减少对孩子生活的干预，就可以在闲置时间里花足够的精力来充实自己，孩子见证了父母慢慢变得优秀，敬佩之情油然而生，也更信赖父母的指导和帮助。心理学家迈克尔汤普森曾经说过，"童年需要一个终点。"当越来越优秀的父母不再管制孩子的生活时，孩子可以满怀安全感和信念感地走出父母的怀抱，独立地接受更高水平的挑战。

小时候培养出来的独立与自主意识，才是孩子在未来赖以生存和发展的优秀品质。父母要做的就是学会放手，让孩子在体验和感受中完成锻炼出认知能力、预判能力和解决问题的能力。

父母要如何忍住自己，不去插手孩子的事情呢？

>>> **耐心等待孩子独立完成生活小事**

生活中的小事完全可以锻炼孩子的自理能力和精神力量，父母要从小事开始尊重孩子的独立人格。

穿衣服、吃饭、叠被子、整理自己的物品等力所能及的事，父母要放手让孩子独立完成，舍得让孩子吃苦。告诉孩子，他自己的事情，可以慢慢地独立完成，不明白的时候再寻求父母的帮助。父母只需要耐心的观察，等待孩子做出分析、付出行动。

>>> **别把孩子的课余时间填满**

管理好时间，是孩子自己的事，父母要做的就是停止管理孩子的时间。

不干预孩子的课余时间，尽量避免直接给孩子安排课余的兴趣班，也避免把孩子的寒暑假填充的满满当当；不安排孩子做事的进度，尊重孩子的做事节奏，给他探索的时间去熟能生巧。日常生活中，父母要忍住唠叨和催促，如果孩子磨磨蹭蹭会迟到，就让孩子迟到一次，长长记性。

>>> **不要插手孩子的社交**

孩子在表达情绪上是最简单直接的，开心就笑，委屈就哭，同样，孩子的社交也是很简单的，父母要从孩子的社交中退出来。

父母不要去约束孩子交朋友的自由，让孩子自己去观察、选择、适应朋友交往；父母也不要干涉孩子的交往方式，孩子们一起玩闹，都有他们的社交模式，父母适度引导即可。

孩子一步步尝试，才能走出他们的人生，父母就放开手，让孩子们畅快地往前跑吧，当他们开始探索的时候，才能更好地认识自己、学会自律。

3. 目标管理法，让孩子从被监督到"自念紧箍咒"

华为的创始人任正非在管理企业时，看到员工们埋头苦干，却总是达不到预期的工作效果，于是提出了"先瞄准目标，再开枪"，让员工先明确自己的工作目标与公司的目标，再完成适合公司发展的工作。这种目标管理法源自美国管理学家彼得·德鲁克，其核心在于，让企业的管理人员和员工共同参与工作目标的制定，在工作中实行自我控制，努力完成公司的总目标。这个"目标管理和自我控制"的专业方法逐渐被广泛应用到孩子的教育中，许多父母希望通过目标管理法，让孩子学会自我规划和自我约束。

目标管理是怎么让孩子从被监督到约束自己的呢？目标管理法包含了明确目标和落实计划这两个步骤。最重要的就是孩子明确了自己的目标，目标可长期可短期、可抽象可具化，可以是提高学习成绩，可以是学会一项技能，也可以是增进和父母的感情等；随后孩子把目标当成"紧箍咒"，不断给自己心理暗示，按照计划一步一步达到期望，这是目标管理法的最终目的。

目标管理能帮助孩子确定人生的方向，给予孩子动力和自信去追求梦想，孩子逐渐学会了自律。孩子明确了目标，就会在努力学习中不断接收新的理论知识和实践知识，才能更加坚定自己的梦想。有了梦想和渴求，孩子才有动力和勇气去尝试、探索和挑战；实现了目标，孩子就会认为自己的存在是有价值的，获得自信和认同感，再次前进。孩子每完成一个小目标，就可能实现一个大目标。而没有目标的孩子就像无头苍蝇，不知道朝着什么方向努力，处处碰壁。

目标管理不仅能影响孩子的价值塑造，也能让孩子在行为习惯方面变得自律。从出生开始，孩子一直处在被管理的状态，但父母和老师对孩子行为的约束力是有限的。孩子能自觉改正错误，履行承诺，完成计划，这都是目标管理对孩子行为的积极影响。父母应该利用设置目标来改变孩子的行为习惯。

讲课结束了，语文老师留出10分钟，告诉孩子们要把新学的汉字每个抄写5遍。布置完任务，老师看到有些孩子拿出了课外书，有些孩子传起了小纸条，到下课铃响，老师发现没有几个孩子完成了作业。第二天，老师告诉孩子们："你们要在剩下的10分钟内，完成汉字抄写的任务，下课就收本子。"这一次，孩子们都奋笔疾书了。为孩子设置具体的目标后，孩子做事有明确的的方向，也能不断约束自己的行为了，效率显著提升。

为什么孩子不会用目标管理法来规范自己呢？主观上来说，孩子缺少一定的内在动力和能力来约束自己的行为，他们可能习惯听从父母的安排，也不清楚自己真正的目标所在，就缺乏自律；客观上来说，父母对孩子的引导不够，父母往往会忽略孩子的诉求，也不注重鼓励孩子认识自己的责任，拥有自己的梦想。

父母如何利用目标管理法，让孩子从被监督到"自念紧箍咒"呢？

>>> **选择具体直观可实现的目标**

虽然目标是关于孩子的期望和梦想，但孩子的时空感还没有完全形成，选择可量化可检测的目标才能发挥作用，激发孩子完成目标的欲望，让他们在完成后产生自豪感。

在设置目标的时候，父母一定要尊重孩子的意愿，听取孩子的意见，同时还要引导孩子选择具体直观、可实现的目标，把大目标分解成小目标。比如孩子希望上学不要迟到，就选择每天早上定时完成洗漱、吃饭、收拾书包等动作的目标；比如孩子希望能变得更加优秀，就选择每周六学习一个新技能的目标。

>>> **为实现目标设定截止时间**

如果孩子树立了一个目标，却没有规定时间，那这个目标就是一纸空文，没有任何约束作用。要想孩子在行动中坚持勤奋努力，高效地完成目标，就需要为目标设定一个截止时间。

父母要提醒孩子验收目标成果的时间越来越短，并鼓励他们坚持到截止时间，适时给予孩子一些奖励。这不仅能让孩子形成清晰的时间概念,还能让他们产生紧迫感,集中注意力完成定下的目标。

>>> **注重目标管理的反馈和调整阶段**

目标管理不仅仅是针对某一项任务而言的,而是教会孩子用这种方法来长期地约束自己的行为。

在完成阶段性目标以后,父母要给予孩子积极的反馈,用表扬和奖励等形式肯定孩子的选择和付出;另外还要鼓励孩子开始新一阶段的目标管理,千万不要恢复到父母管理孩子的模式,要坚持发挥目标管理法的作用,让孩子形成自律的习惯。

4. 想孩子坚持,从培养"微习惯"做起

大事起于难,小事起于易。父母往往会认为让孩子学会坚持需要从一件有意义的大事开始,比如通过国画、芭蕾等专业等级的考试。但实际上,孩子习惯养成的过程,就是不断重复与坚持微习惯,再将所有微习惯整合成一个完整的习惯体系。

相比实施周期长、花费精力多、难度系数大的传统习惯养成计划,微习惯有着目标小到难以置信、完全可以轻松完成、不会让人产生抵触心理的特征。如坚持每天做一个俯卧撑,每天看一页书,每天念一组词语等,几乎不用消耗什么意志力,就能轻松做到。

斯蒂芬·盖斯在《微习惯》一书中提到,微习惯是一种非常

微小、积极的习惯养成策略。当父母不再要求孩子去完成一个大项目，而是把大项目拆解为一个小行为，孩子更容易坚持下去。

5岁的男孩小飞活泼好动，阅读时总是三心二意。为了能让小飞坐定安心读书，小飞的母亲坚持每周带孩子去幼儿图书馆读完十本绘本，结果却不如人意。

后来，小飞的母亲告诉小飞，只要每天在图书馆坐10分钟就可以随意地玩耍了。小飞爽快地同意了，第一天，他坐在凳子上，东张西望，度过了10分钟。第二天，小飞安安静静地坐着，开始注意到小朋友们手中的书了。第三天，小飞主动和母亲说想要看书了。慢慢地，小飞的阅读时间不断延长了。

要想孩子有进步，就需要改变孩子的现状，而这种改变对孩子来说是个困难痛苦的过程。让孩子从微习惯开始改变，能极大削弱孩子的痛苦感，同时，微习惯能带给孩子一系列良性循环。微习惯给孩子更多的选择权和自主权，让孩子远离大任务带来的恐惧、怀疑和怯弱，增强孩子的意志力，主动坚持新的微习惯。

父母要根据孩子的兴趣、习惯和目标等选择适合的微习惯计划，让孩子进行"微习惯"专项练习。从行为、说话等各种小事着手，制定"微目标"，把大任务分解为小任务，集中精力养成一个好的小习惯。

父母要如何利用"微习惯"策略让孩子学会坚持，并持之以恒地做好一件事情呢？

让孩子学会制定优先级日程表,以周为单位落实一个微习惯。

以周为单位,父母引导孩子列出关于学习、兴趣等方面的日程表,从行为、说话等各种小事着手,制定"微目标",在所有的微目标中确定一件最重要、最紧迫的事情,将这一件事分解为一个每天都能落实的微习惯。如把准备语文考试分解为每天默写5个词语。

对孩子来说,每周设置一个微习惯计划是比较理想的状态。直到这个微习惯成为孩子的日常习惯,再添加一个新的微习惯计划,循序渐进。

>>> **将微习惯插入日常生活**

微习惯与日常生活是深度融合的,将微习惯按照一定的标准插入孩子的日常生活中,能增加孩子关于微习惯的记忆点,形成链式反应。

其一,按照时间标准,与孩子约定在固定的时刻完成预先制定的微习惯计划。通过设置闹钟,提醒孩子在晚上8点读一篇文章;约定每次上学前,和爸爸妈妈拥抱一次。其二,按照行为标准,让孩子在做完具体的行为动作后落实一个微习惯。如到家换好鞋子以后就去洗手,动筷吃饭前等待家庭成员全部落座。

>>> **建立激励的回报机制并跟踪记录**

在孩子完成微习惯的量化目标后,父母及时肯定并嘉奖,孩子就会渴望得到下一次的奖励,进而重复这个微习惯。

绿龙岛品牌设计了一款时间魔盒的玩具,将契约棒放入不同的时间隔板区和行为隔板区内，每个隔板区内放入7根契约棒，即一周的数量，孩子每完成一个微习惯，就取出一根，放入收纳盒。收纳盒中的契约棒集齐指定的数量，父母可以实现"奖励约定手册"中协商写下的愿望。这种有趣的亲子游戏对孩子养成"微习惯"非常有效。

在确定微习惯计划后，父母要对孩子的微习惯养成进行跟踪和记录，成为奖励机制的佐证，在父母进行监督的同时，让孩子恢复意志力和兴趣，坚持完成微习惯。

让孩子专注于每一个微习惯的养成，坚持自律的意识就会潜移默化地烙印到孩子的意识中。

5. 把规则融进家庭文化

中央电视台推出了《新春走基层·家风是什么》系列报道，节目呈现了多种多样的家庭文化，引发了公众对家庭教育的热议。从《诫子书》《朱子家训》到《曾国藩家书》《示女儿》，家规、家训、家风都衍生成代代相传的家庭文化。在"家文化"的影响下，父母也开始思考家庭文化的内涵。

家庭文化是一个家庭的物质文化与精神文化的总和，在传承中不断丰富，包括了在衣食住行等方面展现出的生活方式、待人接物、传统习俗、道德规范等思想理念。家庭文化能影响到所有的家庭成员，在成长教育、处理矛盾、培养亲情等方面起着非常大的作用。良好的家庭文化有利于优化家庭成员的心理结构，规范成员的行为习惯，推动家庭成员的进步，促进家庭融合，并影响到后代。

优秀的家庭文化，是和家庭规则密不可分的，规则是家庭文化的具体内容之一。"国有国法，家有家规。"任何组织都需要制度建设，制度是一个组织精神文化的体现，而规则是家庭文化的一种语言表述，通过条文或是约定，让人们在实践中遵守一定的标准。《萨提亚家庭治疗模式》提到，在评估一个家庭时，应该注意家庭中的规则，规则的类型以及规则产生的效果。成文的规则限定了家庭成员在一定范围内的行为，维持家庭秩序，能让家庭文化文化趋于稳定。

家庭规则有助于孩子的习惯养成和修身养性。七彩阳光家庭教育指导中心进行了一次随机调查，发现绝大部分家庭没有制定过家庭规则，只有极少数的家庭能制定出合适的家庭规则。结果显示，缺少规则的家庭中，孩子行为有很大的随意性，缺乏好习惯养成。家庭规则是一种界限，能让孩子意识到哪些行为是正确的、哪些习惯是有用的，进而在学习和生活中用规则来约束自己。在家里遵守规则不仅能规范孩子的行为习惯，还能健全孩子的品格，帮助孩子树立规则意识，在其他地方也遵守规则，更快地融入新环境。虽然家庭规则有一定的时效性和空间性，但这种约束作用影响深远。

家庭规则还有助于家庭成员的协同进步，优化家庭文化。家庭规则的约束对象应该是所有的家庭成员,这种对成员们言行举止的期待,促使成员间互相监督、互相成就。梁启超先生的教育理念十分优异,他写给子女们的四百余封家书中,"莫问收获,但问耕耘""做人要有几分孩子气""做学问总要猛火熬和慢火炖交替循环"等诸多梁氏家规循循善诱,9个子女长成了令人称道的"一门三院士,九子皆才俊"。在梁启超先生的家庭中,规则与家庭文化相融合,这种成长型的家庭氛围给孩子的发展提供了积极有序的家庭环境。由此可见,制定规则、遵守规则能丰富家庭文化的内涵,也利于家庭文化的传承。

父母要如何把规则更好地融入家庭文化呢?

>>> **动员所有家人一起制定规则**

家庭规则的制定需要集思广益,动员所有的家庭成员围聚在一起,共同商讨,上至爷爷奶奶,下至孩子和宠物,都要发挥主人翁的精神,提出问题,明白制定规则的意义,并达成共识。尤其要注重孩子的想法和表达,激发孩子学会自律。

>>> **把家庭规则与习惯养成相联系**

家庭规则的内容十分广泛,从生活起居、家务劳动到工作作业、电子产品使用,从时间管理、形态礼仪到为人处世、情感关系等,父母和孩子都会感到十分纠结。

因此父母要制定简明、直观的规则,把家庭规则和具体的习惯相联系,比如"垃圾要扔进垃圾桶""自己的东西必须物归原处""拒绝浪费粮食"等。同时,规则宜少不宜多,最好不要超过10条，成员们才能时刻铭记，互相监督。

>>> **用"禁止""允许""鼓励"来明确界定**

制定高效的家庭规则计划，可以使用明确的动词来界定要做的事和不能做的事。比如"禁止在家里吸烟""允许周末自由计划""鼓励每天给家人一个拥抱"，让父母和孩子都明确这些规则的可为与不可为，更好地实现他律和自律。

>>> **所有家庭成员都要遵守规则**

制定了家庭规则后，能让规则融入家庭文化的最关键之处是，成员们保持一致，知行合一。父母要主动遵守设定的规则，并承担违反规则的后果，才能让孩子学习遵守规则。当父母要求孩子饭前必须洗手时，如果他们不洗手就开始吃饭，孩子就会质疑规则的作用，也会开始违反规则，就更不用谈自律了。

6. 延迟满足，让孩子扛得住诱惑

20世纪60年代，美国斯坦福大学的米歇尔教授设计了一个经典实验。数十名儿童坐在小教室里，面前摆着他们爱吃的小零食——棉花糖、饼干等。实验人员宣布了3条规则：选择马上吃掉零食的孩子没有奖励；选择等待实验员15分钟后回来再吃的小朋友可以得到额外的零食作为奖励；在等待过程中忍不住的小朋友可以在摇铃叫回实验人员后吃掉小零食，但没有额外的奖励了。实验结果显示，只有三分之一的孩子耐心等待，兑换了奖励。这部分延迟满足时间久的孩子在未来的自控力更好,在美国高考中得分也很高。

自此,延迟满足的育儿理念延迟被广泛推行开来。

延迟满足对孩子来说到底是什么呢?它不是简单地把孩子的等待时间拉长,也不仅仅是短暂性地压抑孩子心中的欲望,而是让处在困难情景中的孩子为了更长远的利益主动选择等待,展现出优秀的自我控制能力。

相比于立竿见影、享受当前诱惑的即时满足,延迟满足是一个克制自我的理性决策,可以磨炼孩子的心智,帮助孩子确立清晰的判断力,增强孩子对情绪与行为的掌控能力。这些能力有利于推动儿童走向社会化,让孩子们更有信心、更坚定地应对生活中的选择。

今日头条的创始人张一鸣在采访中多次强调了延迟满足的重要性,他拒绝了高价收购的诱惑,甘愿在未来的时间里耗费更多的心血,最终实现了把公司做大做强的目标。成年人所具备的这种延迟满足能力,不是一蹴而就的,大都是在孩提时期受到相关的教育才建立起来的。

在孩子的成长过程中,有些父母往往会误解"延迟满足"的内涵,采用直接拖延或者选择交换的方式,结果并不理想。当孩子想要学乐器时,父母会故意拖延一段时间,来考验孩子的决心,结果不了了之;当孩子对某个事物表现极强烈的兴趣时,父母却要求孩子用阶段性的成绩表现来交换。虽然父母给出了承诺、条件和期限，但孩子长期等待得到的只是一个的"空头支票"。长此以往，孩子在一次次失望中失去了与父母分享的兴趣，父母也失去了孩子的信任感。

也有些父母一味接受先进的育儿理念，却脱离实际，选择错误的时机对孩子进行延迟满足的训练，结果也并不理想。豆豆和母亲一起在商场购物，豆豆母亲计划中午回家吃午饭，女儿却站在德克士的门口不肯挪动半步。母亲瞧着，和豆豆商量着："如果你今天不吃德克士的话，我下周末带你来吃德克士的儿童套餐，里头还有小玩具呢！"豆豆哇的一声就哭起来了："我现在就要吃！"马斯洛需求层次从低到高分别是：生理需要、安全需要、爱与归属的需要、尊重需要、自我实现的需要，大多数孩子的需求都处于前三个层次。在豆豆表达她最基本的生理需求时，豆豆母亲对豆豆进行了延迟满足的训练，效果适得其反。

正确的延迟满足是父母以满足孩子的非刚性需求为条件，让孩子有意识地产生行为动机，并为之付出行动。在这个过程中，需要强调的是，父母要让孩子自发地思考、衡量，触发动机并付出行动。比如利用孩子看动画的需求，激发他完成课业的动机，父母在孩子完成课业后允许孩子看半小时动画，这才是延迟满足的全过程。父母要有方法地进行相关的培养和训练，才能让孩子的延迟满足能力得到提升。

那么，如何正确实行延迟满足的训练，提升孩子的抗诱惑力呢？

>>> **延迟满足不适合 3 岁以下的孩子**

延迟满足的训练更适合有独立意识的孩子，年龄阶段多为 3 岁以上，孩子的认知能力开始发育，才能抵抗住眼前的诱惑，通过训练获得满足感。年龄过小的孩子的需求更多，在延迟满足中可能会承受更多的痛苦和压力，进而破坏内心的安全感，因此不适合延迟满足的训练。

>>> **给孩子一个明确的解释和承诺**

父母还要选择在合适的时间展开延迟满足的训练，不能在孩子提出基本的生理诉求和安全需求时拖延，会直接影响孩子对父母的依赖感和信任感。父母可以充分利用零食、玩具等娱乐项目，以"游戏+奖励"的形式对孩子进行延迟满足的训练，让孩子以平常心接受延迟满足。

在这个训练开始之前，父母需要耐心地给孩子解释好相关的规则，在做出承诺奖励之后一定要兑现。孩子在心中有了明确的预期和信任，才能更自觉地约束自己，让时间成本转化为有效等待。

>>> **与孩子一起感知延迟满足的情绪变化**

在漫长而煎熬的等待时间里，倘若孩子的情感需求得不到关注，延迟满足训练就会对亲子关系产生不好的影响。这就要求父母专心参与这场训练，耐心、细心地感知孩子的情绪变化，并主动地与孩子分享过程中的内心想法。告诉孩子，我们也非常想要奖励，等待确实难熬，随后诱导孩子分享他们的真实想法，疏解情绪。

感知孩子的情绪变化的意义在于,让孩子准确认识到自己的情绪并作出价值判断,引导孩子对情绪变化做出积极的反应,将等待的不愉快转化为期待感。

鼓励孩子在等待的时间里转移注意力、想象、给自己打气。

在规定的等待时间里,父母可以向孩子推荐合适的延迟策略,确保训练持续开展并获得好的效果。

父母可以鼓励孩子通过做其他事情来转移注意力,比如专注练字、运动走走、和父母聊天等。父母还可以鼓励孩子展开想象,在脑海中描绘出即将得到奖励的场景,既能平复当下强烈的需求,又能锻炼想象力。父母在陪伴孩子的同时,给孩子自言自语的空间,为他自己的坚持打气,增强成就感。